U0082969

個人理財、以房養老與安養信託、
股票與基金投資、遺贈規劃、退休金年金、健保與長照

樂齡理財輕鬆學

# 老年經濟安全
# 與理財規劃

本最佳工具書＝熟齡樂齡個人理財+30篇實用個案範例

➡ 迅速了解各種理財工具

➡ 更健康的 理財規劃／退休規劃／資產傳承

👍 涵蓋多元理財商品簡介：活存定存、股票、基金、信託、不動產、
年金保險理財、長期照護、以房養老、借款與理債、ETF(指數股票型
基金)、SN(連動型債券)、DCI(雙元外幣投資)、CDO(抵押貸款證券)。

賀冠群、廖勇誠 著

# 作者序

人生的每一天，從餐飲、通勤、買菜、逛街、找零、存錢、領錢、投資、保險、購屋、貸款、上下學、上下班與退休，每個環節都涉及理財。學會打理錢財，才能真正成為快樂生活的樂齡族。

本書為熟齡樂齡個人理財及退休規劃結合實用個案範例的工具書，可協助熟齡樂齡民眾迅速了解各種理財工具，並進一步為自己規劃更健康的的理財規劃、退休規劃及資產傳承規劃。

另外，老年經濟安全與理財規劃範疇廣大多元，內容涵蓋老年社會福利制度、社會保險與退休金制度、商業保險、以房養老、信託、基金、股票、老年居住、存款借款、老年退休生活規劃、遺贈規劃與資產移轉等各層面台灣實務議題。作者雖戮力以赴，但時間、能力或經驗有限，恐有疏漏錯誤；尚祈海內外宏達、師長、專家前輩與讀者指正與見諒！

賀冠群、廖勇誠

Fb 搜尋： @insurance001

個人理財、以房養老與安養信託、

股票與基金投資、遺贈規劃、退休金年金、健保與長照

# 目錄

# 第一章 老年經濟安全與理財規劃要點

## 第一節 人口老化趨勢與老年經濟安全制度

## 第二節 個人理財規劃概念與流程

## 第三節 退休規劃與風險承受能力

## 第四節 借款須知與債務管理要點

## 第五節 個人理財與退休生活規劃個案

# 第一章 老年經濟安全與理財規劃要點

## 第一節 人口老化趨勢與老年經濟安全制度

一、台灣人口高齡化趨勢

1. 聯合國定義：高齡化社會係指 65 歲以上人口占總人口比率超過 7%。

2. 我國自 82 年起邁入高齡化社會以來，65 歲以上老人所占比例持續攀升，97 年底已達 10.4%，110 年 6 月底為 16.44% 。

3. 幼童人口佔率：

◉ 14 歲以下人口佔率：從 17%(97 年)降至 12.6%(109 年)

◉ 年出生人數：41.4 萬(70 年) 降至 16.5 萬(109 年)

4. 人口老化指數：

◉ 由 61.5% (97 年) 增加至 131.6% (110 年 6 月底)

◉ 老化指數 ＝(65 歲以上人數 ÷ 0~14 歲人數)× 100%。

5. 國發會人口結構預測摘錄：

| 年底 | 0~14 歲 | 15~64 歲 | 65 歲以上 |
|------|---------|----------|-----------|
| 109 年 | 12.6% | 71.3% | 16.1% |
| 159 年 | 8.9% | 49.5% | 41.6% |

資料來源：國家發展委員會 110/5 統計及內政部統計

二、老年經濟安全與人口老化的衝擊

　　老年階段仍須要有經濟收入或相關資源，以維持老年階段一定程度的生活需要。然而隨著人口高齡化趨勢，對於國家社會也造成許多衝擊，摘列如下：

◉ 經濟面衝擊：將影響經濟成長、儲蓄、負債、投資、消費、勞動市場、退休金、租稅。人口老化可能造成勞動力縮減、創新能力降低，整體經濟產能及稅收下降。此外，老年人依賴過去儲蓄度日，將抑制資本累積，不利長期經濟成長。

◉ 社會面及醫療面衝擊：人口老化將影響家庭組成、生活安排、住屋需求、移民趨勢、流行病學、醫療保健與照護需求。另外，年長者因身體狀況相對較

差，將增加社會醫療成本、健保支出與長期照護支出。

三、老年社會福利制度與老年經濟安全制度

　　完善的老年社會福利制度可包含社會救助、社會保險與各項社會福利措施等三個構面。社會救助為社會經濟安全制度之第一層，諸如：天災或重大傷亡或針對貧困傷殘家庭或民眾，由政府予以救助與補貼。

　　第二層為社會保險；社會保險之有效發展，有助於個人、企業及社會經濟安全與家庭、企業或社會之健全穩定，並降低社會問題。第三層為政府之各項社會福利措施，範圍相當多元化，諸如：安養看護措施、老年健保費補助、醫療優惠、乘車優惠、旅遊優惠、贈品賀禮等。

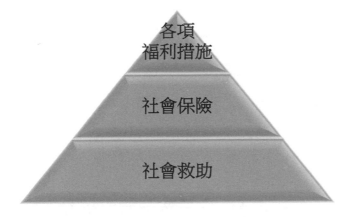

圖 1-1　三層制老年社會福利制度

　　詳言之，民眾可以透過投保社會保險，做好適當之危險管理，以降低生老病死傷殘失業等事故所導致之經濟損害或衝擊。另一方面，若社會保險發展良好，則國家之社會救助、老年經濟安全、失業、醫療與意外事故等各方面社會問題，可因而降低，政府的社會責任也因而下降。

　　為建構完善的保險制度，各國皆採取三層制的保險制度架構。三層制的保險制度架構包括由政府主辦的強制性質的社會保險制度、由企業雇主主辦的企業保險或團體保險制度以及由民眾自願方式投保的個人保險制度。

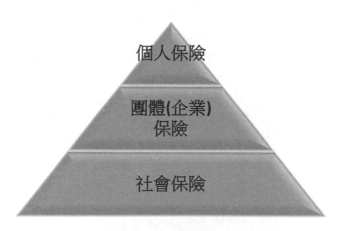

圖 1-2　三層制老年保險保障制度

從多層制保險制度精神可歸納出，完整保險制度之建立，絕非單純政府當局之責任、也不是單純屬於企業雇主或員工之責任、更不單單是個人長期儲蓄保障習慣的建立，而是需要政府當局、企業界及民眾多方長期齊力建立與推動。各層次的保險制度中，各有不同的主軸與焦點，各層之間相輔相成。

　　社會保險部分僅能提供民眾普遍且基本的經濟生活保障，不足部分有賴團體保險制度與個人保障儲蓄之補足，以滿足民眾更高水準與更高層次的經濟安全需求。從許多先進國家經驗觀察，由於面臨著嚴重的財政赤字與財政負擔，團體保險與個人保險已扮演社會經濟安全制度重要角色。

四、多層制的老年經濟安全制度(老年退休金制度)

　　世界銀行在84年提出報告，提醒全球各國正視人口老化問題並提出各國應建立政府、企業與個人自願參加等三層制老年經濟安全制度。

圖1-3 三層制老年經濟安全制度

　　就台灣勞工而言，政府公營的社會保險制度分別有勞工保險、職災保險、就業保險、全民健康保險、國民年金保險等第一層保障制度。

　　第二層為企業雇主主辦的團體保險及勞工保障制度，包含勞工退休金制度、團體保險制度、勞基法制度等。第三層則為民眾自行投保的個人壽險、意外險、健康險、年金險或其他商品，以建構自身更完善的保障及理財體系。

# 第二節 個人理財規劃概念與流程

一、個人理財規劃要點

個人理財規劃涵蓋開源與節流領域，包含日常個人現金收支規劃、家庭收支規劃、個人儲蓄規劃、個人投資規劃、個人保險規劃、個人租稅規劃、遺產贈與及資產傳承規劃、購屋置產創業規劃、貸款債務管理、教育基金、退休金規劃、出國留學或結婚基金規劃等各環節。

個人理財規劃涉及多元理財標的，可依照風險高低繪圖如後。相較於一般青少年、成年人或中年人，老年的理財規劃偏重於退休金規劃、日常個人現金收支規劃、醫療長照規劃、退休生活及休閒規劃、個人儲蓄投資規劃、遺產贈與暨資產傳承規劃。

個人理財工具繁多，而且功能與風險高低不同，可以將理財工具依據風險高低描繪金字塔如下：

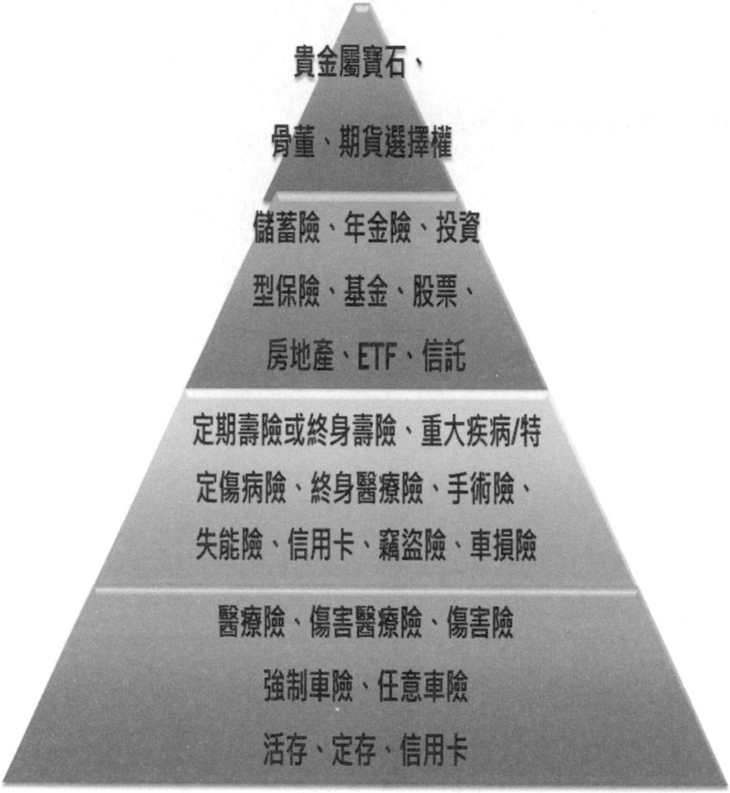

貴金屬寶石、

骨董、期貨選擇權

儲蓄險、年金險、投資

型保險、基金、股票、

房地產、ETF、信託

定期壽險或終身壽險、重大疾病/特

定傷病險、終身醫療險、手術險、

失能險、信用卡、竊盜險、車損險

醫療險、傷害醫療險、傷害險

強制車險、任意車險

活存、定存、信用卡

圖 1-4　個人理財金字塔

人生各階段的理財目標不同、財富收入不同，因此理財規劃之內容也不同，就**個人理財規劃的步驟**及要點摘列如下：

## 1. 了解自己與家庭的財務狀況

- 資產金額多少？資產配置比率？
- 負債金額多少？借款利率多少？
- 平均收入？每月生活開銷？
- 每月可以儲蓄金額多少？
- 預計未來需要有多少的退休金？已經儲蓄了多少的退休金？未來每月還要儲備多少退休金？

## 2. 確認個人理財目標與調整資產配置

- 日常生活開銷是否足夠？過高？
- 負債比是否過高？特定費用是否應節流？
- 是否現行資產配置工具的配置金額或比率需要調整？
- 是否需要停利或停損？
- 是否需要增加特定工具的投資金額或比重？
- 預計退休後居住地點、居住處所與工作規劃？
- 幾年後退休？退休金儲備缺口多少？
- 商業健康保險與長照保險是否規劃足夠？
- 遺贈稅規劃與調整？

### 3. 執行與調整個人理財計畫

- 日常收支與負債管理：調整日常開銷並逐步降低每月債務還款金額。
- 調整理財工具的配置金額或比率。
- 適度節流並調整消費習慣。
- 適度調降活存或定存金額與比率。
- 增加儲蓄或投資的金額或比重，例如：共同基金、股票、ETF 等工具。
- 購屋規劃、借款規劃與負債管理。
- 保障缺口進行補強，例如增加健康保險、長照保險或年金保險商品。
- 著手進行資產贈與以及身故最後費用準備與信託規劃。
- 資產移轉、股權移轉或節稅規劃。

### 4. 定期調整與檢視

年齡漸長，穩健儲蓄型金融商品的比率需愈高；年紀愈輕，預計報酬率較高的投資型金融商品比率愈高。

二、生涯規劃與個人理財需求

　　Donald Super 的生涯發展理論強調每個人生涯發展過程包含四個主要人生劇場。除了家庭外，還包含工作場所、社會與學校。

　　我們可以將人生階段結合學業、事業、家庭型態與個人理財需求，歸納出人生各階段的理財需求。摘列人生階段與理財需求如後。

表 1-1 生涯階段與理財需求

| 期間 | 學業事業 | 家庭型態 | 理財需求與職涯 |
|------|----------|----------|----------------|
| 孩童期 0~14 歲 | 幼稚園、國小國中 | 以父母為重心 | ● 零用錢、學費、教育費<br>● 思考職業性向中 |
| 探索期 15~24 歲 | 高中、大學、研究所、服兵役 | 以同學朋友與父母為重心 | ● 零用錢、學費、教育費<br>● 開始存錢、投資、信用卡與投保基本保險<br>● 實習打工體驗職涯 |
| 建立期 25~34 歲 | 社會新鮮人 | 結婚生子 | ● 生活費、存款、信用卡、基金股票投資與投保保險<br>● 歷練專業與發揮職能 |

| 期間 | 學業事業 | 家庭型態 | 理財需求 |
|---|---|---|---|
| 穩定期 35~44 歲 | 基層管理者 | 小孩上托兒所、上小學 | ● 貸款、教育費、存款、基金股票投資、信用卡與投保理財型保險<br>● 在特定領域已漸成為專業人士 |
| 維持期 45~54 歲 | 中階管理者、資深幕僚或主管 | 子女就學中(國中、高中或大學) | ● 存款、基金股票投資與退休規劃與年金、信託、貸款、信用卡、教育費<br>● 在特定領域已成為專業人士 |
| 空巢期 55~64 歲 | 高階管理者、資深主管 | 兒女成家後搬出 | ● 退休規劃與年金、信託<br>● 退休金儲備與居住規劃 |
| 養老期 (退休) 65歲後 | 經驗傳承 旅遊、社團 | 兒女成家 含飴弄孫 | ● 遺贈規劃與資產傳承<br>● 退休生活規劃 |

三、職涯規劃與個人理財個案研討

　　人生從孩童至青少年、青壯年、再到中老年，個人理財規劃重心隨之更動，孩童青少年時期並無收入或收入有限，許多收入透過零用錢或父母支應，涉及的個人理財工具較多為銀行存款或保險等工具。

　　步入職場工作後，隨著薪資收入、投資收入與兼職收入的職場生活，參與的理財工具也隨之增加，可能增加了信用卡、更完整的產壽險保障、儲蓄或投資型保險、基金、股票、不動產等理財工具。

　　屆臨中老年後，財富累積更高，也更了解投資理財收入的重要性，投入理財的工具也更加多元化，並且考慮到退休金規劃議題，因此也增加了不動產投資、高配息基金及股票、目標到期基金、以房養老、信託、房屋借款、信用借款等理財工具。

　　即使中老年也要持續學習個人理財規劃，並了解各項理財工具的風險，才能讓理財目標達成，也讓財富持續累積。

表 1-2 職涯規劃與個人理財個案範例

| 年齡 | 職涯內容 | 理財工具 | 理財成果 |
|---|---|---|---|
| 23歲以下 | 學生、打工、家教協助父母從事零售及裝潢 | ● 活存、定存<br>● 投保車險、壽險、意外險 | ● 累積財富約10萬 |
| 24~28歲 | 研究所、服役階段、企業服務 | ● 前述理財工具<br>● 單筆或定期定額基金投資<br>● 終身壽險、終身醫療險及意外險商品 | ● 第一次基金投資2萬，虧損1萬。<br>● 第二次投資10萬；獲利1.5萬。 |
| 29~36歲 | 金融保險業行銷企劃經辦、企劃科主管 | ● 前述理財工具<br>● 單筆或定期定額基金投資<br>● 信用卡、房貸信貸<br>● 股票投資<br>● 不動產<br>● 婦幼險、保單借款 | ● 投資金額約60萬<br>● 獲利約15萬 |

| 年齡 | 職涯內容 | 理財工具 | 理財成果 |
|---|---|---|---|
| 37~50歲 | 金融保險業經理或副理職務 | ● 前述理財工具<br>● 單筆或定期定額基金投資<br>● 股票投資<br>● 房地產投資<br>● 連動型債券 | ● 投資金額約200萬<br>● 獲利約50萬 |
| 51~64歲 | 顧問及業務工作 | ● 前述理財工具<br>● 企業投資<br>● 顧問教學<br>● 目標到期債券基金、ETF<br>● 高配息股票與基金投資 | ● 投資金額約250萬<br>● 領取退休金約150萬及每月1.5萬<br>● 投資穩定獲利標的 |
| 65~100歲 | 顧問及業務工作 | ● 前述理財工具<br>● 企業投資<br>● 顧問教學<br>● 高配息股票與基金投資<br>● 以房養老<br>● 擁有每月退休金收入 | ● 投資金額約350萬<br>● 每月領取退休金1.5萬<br>● 穩定儲蓄或投資標的<br>● 遺贈規劃 |

## 第三節　退休規劃與風險承受能力

### 一、完全退休制度與部分退休制度探討

　　傳統上台灣民眾的退休年齡約為 60 歲~65 歲，退休後就離開職場含飴弄孫、親友應酬及家居生活，過著每天休息並安居住家、媒體為伴的生活。我們可將這種制度稱為完全退休制度，也就是退休前拼命工作，退休後完全不從事工作的制度。

　　然而隨著平均壽命延長與民眾對於生活的重心轉變，完全退休制度已無法符合 21 世紀民眾的需要。其實，全球趨勢已走向部分退休制度，年輕時期大部分的時間投入工作，但 45 歲~60 歲時期，隨著眼力體力衰退，工作時數可以逐漸降低。60 歲後，仍然持續從事工作，但工作時數向下修正的制度。

　　其實英國、德國、美國、日本與澳洲各國，民眾們很強調運動健生、而且已走向遠距工作、SOHO 族工作、自行創業、約聘派遣及彈性工時；而且鼓勵退休後持續投入工作及家庭主婦投入多元就業等模式，而非固定的朝九晚五工作模式。

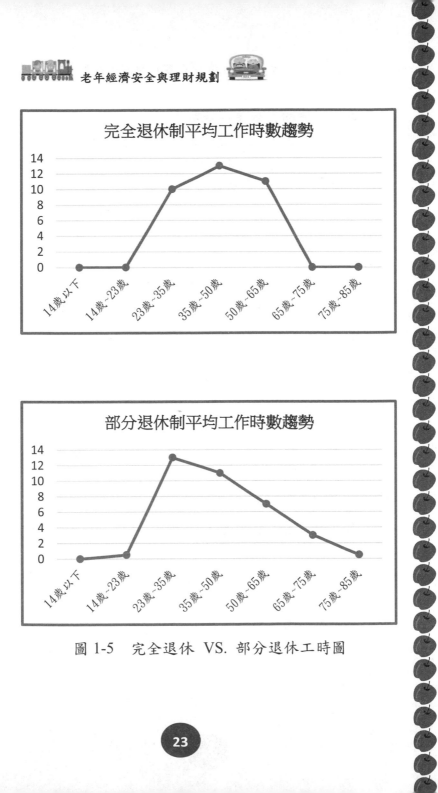

完全退休制平均工作時數趨勢

部分退休制平均工作時數趨勢

圖 1-5 完全退休 VS. 部分退休工時圖

## 二、退而不休的精采生活探討

　　老年朋友們，退休後是否持續工作，可以自由選擇，可以工作，也可以不工作，自由自在、無拘無束、快樂就好。老年朋友未來可考慮過著退而不休的生活，可以從事不要太過勞累的工作，同時可以擁有自己的學習、興趣、旅遊、親子社交、公益及家居生活，這樣的退休生活才精彩歡樂。建議退休後別整天只是自己窩居在家、電視為伴，窩居在家的生活不僅無聊、缺乏重心、而且失智症、關節退化等老年疾病反而提早伴隨而來。

　　其實，無須限制自己退休後一定要離開職場，賦閒在家過著無聊的生活，而應該過著另一段精彩的歡樂人生，持續發揮自己的良能光芒。例如：退休後可再度就業投入職場或採兼職模式投入職場或社會，例如：作家、顧問、業務、直銷、網拍、藝人、投資、收藏、托嬰托兒、餐飲、音樂、運動教練、盆栽、藝術創作或擔任志工義工等。

　　另外，就個人理財規劃來說，即使退休前的收入有限，造成已儲蓄的退休金不足，仍然可以在退休後因參與工作，而擁有生活收入與薪資，更能讓老年退休後的理財規劃更加自在自主、更加擁有尊嚴、更加精采耀眼。

老年經濟安全與理財規劃

### 三、退休規劃的流程

1. **檢視與建構基礎收支及保障規劃**

　　規劃退休理財前，必須先檢視與建構自身或家庭的基礎保障與日常收支開銷，諸如：房貸支出或房租支出、日常食衣住行費用與保費支出等項目。

2. **訂立與預估個人退休需求目標**

　　預估自己預計的退休年齡、預估的投保薪資與預估每月所需退休收入金額。

3. **計算出預估的退休收入缺口**

　　先試算目前已儲蓄或投資的退休金額；隨後計算預估的退休收入缺口。就可進一步訂定從現在開始到預定退休年齡，每月預定儲存或投資的金額。

- 預估自己的國民年金保險與勞保老年年金給付：預估可領取的每月給付金額或一次領取的金額，當然必須同時納入過去的勞保年資部分之老年給付。

- 預估自己的勞工退休金可領取的每月給付金額或一次領取的金額：當然必須同時納入公司提繳、自行提繳及投資收益。

4. **退休理財工具之挑選與配置**

　　挑選可行的儲蓄或投資商品與年金保險商品或信託、基金商品，並規劃資產配置比率。

5. **定期審視與調整退休計畫內容。**

## 四、理財規劃與退休規劃商品

多元化個人理財工具競逐於金融保險市場，各種理財工具之功能各有不同，選擇何種金融工具或金融機構，端視理財需求而定。然而，民眾擁有多元化的理財需求，必須仰賴多種金融機構提供多元化金融保險服務，才能達成多元化理財目標。

民眾具有多元化投資理財需求，也確實需要多樣化的保障、儲蓄、投資或退休工具，才能滿足各式各樣的需求。深入剖析各項主要理財工具後，不難發現各理財工具各有其核心功能；如果忽略了商品或工具的核心功能將造成收益過低或費用損失，其實相當於客戶挑選錯誤的理財工具，將造成後續的缺憾或問題。舉例而言，0.5~2 年期儲蓄、金額為 20 萬元，民眾應該透過定期儲蓄存款而非活期存款或終身保險或躉繳儲蓄保險來儲蓄最佳，否則將出現儲蓄收益率偏低或解約損失等問題。

國內外債券、共同基金、股票、ETF、儲蓄合會、不動產及儲蓄險等商品，通常適合做為資產累積或保值的理財工具；但相較之下退休年金功能不足，因為並未提供年金給付功能，而且相對而言穩健安全性不一定適合熟齡樂齡民眾需求。

然而仔細推敲後，就可以發現配息型基金、目標到期基金、安養信託、以房養老貸款、不動產租金收益、較高現金股利且股價相對穩定的個股或配息型ETF 等商品的退休年金功能，就增強許多、也適合作為退休規劃工具。

　　另外在壽險商品部分，利率變動型壽險或終身增額壽險雖有長期保障兼儲蓄功能，但仍未提供終身生存年金給付，因此其退休儲蓄功能較終身還本壽險商品差；但終身保障功能卻較終身還本壽險佳。同時，就終身還本壽險與利率變動型年金保險相比較，終身還本壽險提供終身保障功能，但相較之下年金儲蓄功能相對於利率變動型年金弱。利率變動型年金保險的投保手續簡便、商品簡單易懂、穩健儲蓄、免費提領與終身生存年金功能，具有其相對優勢。

　　然而單純透過利率變動型年金保險作為退休規劃理財工具自然不足，因為長期通貨膨脹侵蝕問題與長期儲蓄收益受限問題需要考量。民眾可搭配共同基金、ETF、配息型股票、租金收益及變額年金保險的連結標的，強化中長期投資報酬及終身生存年金功能。

表 1-3 常見理財工具與退休工具摘要範例

| 商品別 | 特色或功能 | 適合需求 | 年收益 |
|---|---|---|---|
| 活期存款活期儲蓄存款 | ● 短期低利儲蓄<br>● 無保障功能；無終身年金給付功能 | 短期資金停泊與日常交易需求。 | 0.2% |
| 定存或定期儲蓄存款 | ● 短期儲蓄 (0.5~2 年)<br>● 無保障功能；無終身年金給付功能 | 0.5~2 年的短中期儲蓄需求。 | 0.78% |
| 銀行指定用途信託基金/共同基金 | ● 多檔基金標的可供選擇，可以單筆或定期定額投資。<br>● 除銷售手續費外；需洽收管理費等相關費用。 | 有中長期投資需求之客戶，諸如：1~10 年投資。 | -20%~20% |
| 債券(國內/國外) | ● 可區分為公債、公司債或金融債券等。<br>● 可區分為定期配息或不配息債券。利率可能是浮動或固定利率。 | 2~30 年 | 0.15%~10% |

| 商品別 | 特色或功能 | 適合需求 | 年收益 |
|---|---|---|---|
| 股票 | ● 仰賴配息收入及買賣價差 | 依個股及市場而定 | -30%~30% |
| 不動產 | ● 可透過出租賺取收入或買賣賺取價差 | 依市價及屋況而定 | -15%~15% |
| 以房養老 | ● 透過房屋貸款產生每月退休收入 | 適合擁有房屋族群 | -1.7%~ -2.8% |
| ETF 指數股票型基金 | ● 隨追蹤的指數漲跌，賺取配息收入及買賣價差 | 依各標的及市場而定 | -20%~20% |
| 標會 (儲蓄合會) | ● 特定民眾相互信用借貸模式，可賺取利息；但可能因被倒會而血本無歸。 | 依成員及標金而定 | -100%~ 25% |
| 躉繳儲蓄型商品 | ● 契約期間內具有保障功能；無終身年金給付功能。 | 單筆中高額中長期儲蓄 | 1.5%~2.5% |
| 終身增額型壽險、利變壽險 | ● 具終身保障、無終身年金功能。<br>● 通常需負擔解約費用；而且短期解約可能產生虧損。 | 終身保障與定期儲蓄需求 | 1.2~2.2% |

| 商品別 | 特色或功能 | 適合需求 | 年收益 |
|---|---|---|---|
| 終身還本型壽險(年年還本) | ● 具有終身年金給付與保障功能<br>● 相對而言儲蓄收益率可能較低 | 終身保障與年金給付需求 | 1.1~2% |
| 利率變動型即期年金 | ● 具有終身年金給付功能<br>● 無終身保障功能 | 適宜已累積或已領取高額退休金客戶 | 視存活期間長短而定 |
| 利率變動型年金保險(遞延) | ● 中長期宣告利率或儲蓄收益率常高於存款利率。<br>● 具有提領與貸款功能,便於因應臨時資金需求。 | 單筆長期儲蓄退休需求客戶 | 1.3%~2.3% |
| 變額年金保險(遞延) | ● 通常無壽險保障功能;具有終身年金給付功能。<br>● 具有多元化連結標的供保戶選擇,可搭配自身需求,挑選標的配置。 | 適宜單筆或定期定額投資的退休規劃客戶 | -20%~20% |

## 五、評估自己的風險承受度

　　理財規劃的過程中，選擇適當的理財工具非常重要，中老年人要挑選適合自己的理財工具，並進一步將資金投入各項理財工具進行資產配置時，需要先了解自己的理財目標與風險承受度。

1.您的年齡是哪一級距？(單選)
(1) 65歲以上
(2) 50~64歲
(3) 31~49歲
(4) 30歲以下

2.您有幾年的投資經驗？(單選)
(1) 5 年以下
(2) 6 年~10 年
(3) 11 年~15 年
(4) 16 年以上

3.您是否曾透過下列金融保險商品進行投資儲蓄？(可複選，依選項號碼最大者計分)
(1)台幣存款、定存、政府公債
(2)債券型基金、平衡型基金、外幣存款
(3)不動產
(4)股票、股票型基金、投資型保單

(5) 期貨、選擇權、認股權證、結構型債券

4.假設您擁有 100 萬元，您期望的年投資報酬是多少？
(單選)
(1)希望每年獲利 1 萬元
(2)希望每年獲利 2~5 萬元
(3)希望每年獲利 6~10 萬元
(4)希望每年獲利 11~20 萬元
(5)希望每年獲利 21 萬元以上

5.假設您擁有 100 萬元，您所能承受的年投資損失是
多少？(單選)
(1)每年可接受損失 1 萬元
(2)每年可接受損失 2～5 萬元
(3)每年可接受損失 6～10 萬元
(4)每年可接受損失 11～20 萬元
(5)每年可接受損失超過 21 萬元

上述問題的回答結果，若 選(1) 則計 1 分，
選(2) 則計 2 分…以此類推。

您所得到的總分為： ＿＿＿＿＿＿分

您的風險承受等級為： ＿＿＿＿＿

| 分數 | 風險承受等級 | 可投資風險等級 |
|---|---|---|
| 8 分或以下 | 保守型 | 低風險標的 |
| 9分~15 分 | 穩健型 | 中低風險標的 |
| 16 分以上 | 積極型 | 高、中、低風險標的 |

| 分數 | 風險承受等級 | 可投資基金 |
|---|---|---|
| 8 分或以下 | 保守型 | RR1~RR2 |
| 9分~15 分 | 穩健型 | RR1~RR3 |
| 16 分以上 | 積極型 | RR1~RR5 |

　　如果保守型客戶挑選了過多的高風險標的，將因為短中期大額虧損而衝擊日常生活或退休後生活，導致憂愁擔心充斥，這種情況就是沒有妥善評估自己的風險承受能力造成的。就如同您的身體僅能搬運 10 公斤的貨物，但您沒有量力而為，而去搬運 50 公斤的貨物，因而造成身體受傷的窘境。

## 六、風險承受等級與資產配置範例

　　風險承受等級與資產配置需要相互搭配，否則個人理財將走向挫敗。

表 1-4　風險承受度與資產配置範例

| | 極高 | 中高 | 中低 | 極低 |
|---|---|---|---|---|
| 類型 | 冒險型 | 積極型 | 穩健型 | 保守型 |
| 主要投資工具 | ◆電子股<br>◆特殊題材股<br>◆新興市場基金<br>◆期貨選擇權 | ◆績優股<br>◆傳產金融股<br>◆成熟股市<br>◆全球型基金<br>◆投資型保險 | ◆平衡型基金<br>◆債券型基金<br>◆保障型或儲蓄型保險 | ◆活存<br>◆定存<br>◆公債<br>◆票券 |
| 財務槓桿 | 融資融券/理財型貸款/套利 | 理財型貸款/自有資金 | 自有資金 | 自有資金 |
| 期間 | 短中期 | 短中長期 | 短中期 | 短期動用 |
| 利益 | 短線價差 | 價差/股利 | 配息/價差 | 利息 |
| 報酬 | -50~50% | -20~20% | -10~10% | 0.1~0.8% |

# 第四節 借款須知與債務管理要點

## 一、借款融資與理債要點

　　個人理財規劃包含日常現金收支規劃、投資儲蓄規劃、教育基金、退休金規劃、遺贈規劃及借款規劃等各層面；借款規劃與管理需要最優先考量。因為借款過多、借款利率較高，造成每月須還款的貸款本金利息過高，可能因而衝擊日常生活開銷與生活品質；也連帶造成民眾銀行帳戶餘額不足，無法順利還款，影響個人信用或遭借款機構追償，進一步財產遭到強制執行與拍賣的困境。

　　熟齡樂齡民眾若有資金需求，可辦理不動產抵押貸款、以房養老抵押貸款、勞工紓困貸款、理財型借款、信用貸款、信用卡預借現金、保險單借款、儲蓄合會(標會)或私人借貸等多元模式。

　　申辦不動產抵押貸款借款成數約 5~85 成，借款金額在撥貸後一次匯款到借款人指定帳戶。因為擁有抵押品，通常貸款利率最低，例如：1.45%~2.7%。如果需要資金而且還有固定收入，可以考慮辦理增貸方式籌借資金。

其次，以房養老抵押貸款其實也是不動產抵押貸款，只是借款金額採逐月分期撥付到借款人帳戶，並且需要每月扣除全部或部分借款利息後，才撥付到借款人帳戶。

另外，熟齡樂齡民眾若已退休無固定收入或仍有擔任企業經理人或負責人，也有機會向銀行透過動產質押貸款、企業營運週轉金貸款、理財型借款等方式借款，但利率相對較高，而且借款期間較短，需要留意。

熟齡樂齡借款時，宜秉持「借低還高」策略，借錢時，以低利率優先；還款時，優先還款高利率借款。由於不動產抵押貸款利率最低，因此建議熟齡樂齡民眾優先以不動產抵押借款模式借款。

另外，若有急用而且曾經投保壽險或年金險，也可以詢問壽險公司保單可以辦理保單貸款多少錢？利率多少？最後，沒有其他借款管道，才走向有信用貸款、儲蓄合會(標會)或私人借貸等管道，但利率及風險相對較高，需要審慎使用。

辦理借款時，還需要考慮相關費用、撥款耗費時間與借款金額。舉例來說，辦理信用貸款與不動產抵押貸款、理財或企業貸款，銀行通常需要收取開辦費(申辦手續費)、貸款相關費用以及要求民眾申辦火災保險與地震保險；其中許多費用項目從撥貸的銀行帳戶直接扣除。

　　朋友們借款前，務必先行詢問了解借款相關費用。摘列以下費用項目供參：

1.　開辦費(申辦手續費/申報費用)：銀行或農會、信合社對於貸款，都會收取開辦費(申辦費用)；各機構收取標準不同；另有部分銀行推出低手續費優惠。

2.　貸款相關費用：抵押權設定費、徵信費、書狀費等；許多費用從撥貸的銀行帳戶直接扣除。

3.　火險及地震險保險費：向銀行申請辦理房貸時，銀行會要求借款人投保住宅火災保險與地震險或商業火災保險；通常住宅火災保險與地震險保費約在 4,000 元以內。

## 二、借款規劃個案介紹

案例：

年齡四十五歲的小蔡最近刷卡太多，又要支付孩子房貸、又要買新車，剛好銀行客服打電話來推薦優惠貸款專案 40 萬元，利息低、很划算。請問真的要借嗎？

依照個人財務狀況，適時選擇適合的借款專案並善用資金購屋置產、生活週轉、營運週轉並定期正常還款，大部分民眾必須學習的理財觀念。首先，借錢要有智慧，不可以亂花錢、亂借錢，而是要真的需要花費，才去善用借款喔！

要能夠做到智慧借錢，首先需要了解借錢的管道與方式。因為借錢的管道很多，需要選出經濟實惠而且最適合自己財務狀況的借款方式。

就小蔡的個案來說，需要計算一下每月還款金額多少？小蔡會不會提早還款？只是短期借款週轉？小蔡已有的房地產可不可以增貸？小蔡的壽險保單，可以辦理保單借款額度是多少？就小蔡個案來說，他的需求屬於中長期週轉，因此可以考慮不動產抵押借款、信用貸款與保單貸款等選擇，舉例比較說明如下：

| 方式 | 條件摘要 | 建議/備註 |
|---|---|---|
| 房屋抵押借款(增貸) | 1. 向銀行或農會信合社申辦。<br>2. 利率：2%，機動利率。<br>3. 貸款金額500萬。<br>4. 借款成數視房屋價值、借款人財務與信用狀況而定。<br>5. 從申辦到撥款耗時約3周~4周。 | ● 優先辦理房屋抵押借款。<br>● 需要收取相關申辦費用。<br>● 需要投保火災保險與地震保險。 |
| 壽險保單的保單借款(借款對象：壽險公司) | 1. 利率：4%。利率與投保的壽險保單預定利率或宣告利率攸關。<br>2. 申辦費用：無<br>3. 快速撥款、免抵押品。<br>4. 借款期間沒有限制，可以隨借隨還。<br>5. 隨時都可以還款，沒有提前還款違約金。<br>6. 小蔡的保單可借額度：15萬 | ● 優先辦理壽險保單的保單借款，金額15萬，每月薪資入帳立即還款。<br>● 如果15萬就足夠，可以考慮不再另外借信用貸款。 |
| 信用貸款模式(借款對象：銀行、農會、合作社等) | 1. 前三個月利率1.2%；第四個月後利率6%。<br>2. 額外申辦費用：9千元。<br>3. 快速撥款、免抵押品。<br>4. 借款期間5年。<br>5. 2年內提前還款完畢需要另外負擔違約金1%。<br>6. 可借額度：5萬~350萬。 | ● 仍有額外的必要性資金需求，可以申請信用貸款30萬。<br>● 申辦費用與利率較高，需要多比較。 |

如果急需短期資金週轉，建議打電話詢問壽險公司客服中心或壽險業務員，詢問您的壽險保單可以借款多少錢？利率多少？不一定壽險保單借款就一定利率較低，但肯定沒有額外申辦費用、也沒有提前還款違約金；如果後續年終獎金順利入帳，就可以立即提早還款，有其方便性。

信用貸款方面，建議仍要貨比三家，千萬別只看前三個月利率低，就衝動性申辦。因為不單單要考慮利率，還有申辦相關費用及提前還款違約金。希望朋友們都能夠智慧借錢，快樂生活！

**小叮嚀：**

● 秘訣 1：借錢、要有智慧，不可以亂花錢、亂借錢，而是要真的需要花費，才去善用借款喔！

● 秘訣 2：千萬別只看前三個月利率低，就衝動性申辦貸款，還要考慮費用及違約金。

● 秘訣 3：短中期資金週轉：壽險保單借款+信用貸款。中長期資金週轉：建議辦理房屋貸款，利息較優惠喔！

# 第五節 個人理財與退休生活規劃個案

一、精打細算來存錢

> **案例：**
> 今年四十歲的小蔡已經累積了 10 本銀行或郵局的存摺；許多存款帳戶已經久未往來而且存款餘額很低。最近偶然發現，怎麼有幾家銀行一直都沒給他利息呢？

　　由於錢存在銀行郵局會有利息，而且匯款或扣款更加方便安全，所以每個民眾都有好幾本存摺。尤其只要就學、更換工作、借貸或刷卡，往來帳戶就常需重開帳戶。所以每位民眾從小到大，總共開立十多本存摺；除了郵局存摺，還有銀行、合作社或農會存摺一大堆。

　　銀行存款也要精打細算。如果您的閒置資金放在活存或活儲帳戶，利率很低。所以建議朋友們辦理網路銀行功能，可以在網路上適時將活儲調整為定儲或定期存款，也可以辦理預約匯款或預約轉帳，讓我們的資金調度更加靈活。活儲與定存利率差多少呢？可參考銀行官網公開資訊，範例如下：

| 模式 | 郵局 | 合作金庫銀行 |
|---|---|---|
| 活儲或存簿儲金 | ● 年利率：0.12% | ● 年利率：0.04% |
| 定存或定儲 | ● 半年年利率：0.5% | ● 半年年利率：0.52% |
| | ● 一年年利率：0.78% | ● 一年年利率：0.78% |

　　無論存款餘額多少，銀行都會定期支付利息嗎？答案：不是。通常銀行都有設定一個存款帳戶起息金額，例如：台幣帳戶多為 **5 千元或 1 萬元** 才會計算利息給客人。

　　所以小蔡的存款帳戶多年來為何都沒有收到利息，因為他的平均存款餘額低於 5 千元或 1 萬元。舉例來說，小蔡與小莉都有 5 本存摺，總存款餘額 40.9 萬，銀行起息點為 1 萬元，列表比較他們的利息及匯款費用差異：

| 模式 | 小莉-精打細算族 | 小蔡-懶惰理財族 |
|---|---|---|
| 存款餘額管理 | ● 常用帳戶：郵局：20萬；A 銀行：208,700元。<br>● 少用帳戶：B 銀行：100元，C 銀行：100元，D 銀行：100元。<br>● 秘訣 1：存款金額集中到常用帳戶；少數存款帳戶金額低於 100 元，增加利息又減少轉帳費用。 | ● 常用帳戶：郵局 2萬；A 銀行：5 萬。<br>● 少用帳戶：B 銀行：32.1 萬，C 銀行：9 千，D 銀行：9 千元。 |
| 定期儲蓄管理 | ● 常用帳戶：郵局：15萬轉存定存 1 年期；A 銀行：20 萬轉存利息 1 年期(0.78%)。其餘資金仍放在活存(0.12%)。<br>● 秘訣 2：閒置資金轉存定存或定儲，以賺取較高的利息。 | 懶得管它，沒差多少。 |

| 模式 | 小莉-精打細算族 | 小蔡-懶惰理財族 |
|---|---|---|
| 匯款<br>扣款<br>管理 | ● 每個月匯款或轉帳 5 次。<br>● 網路轉帳每次 15 元，每個月負擔 75 元。<br>● 秘訣 3：盡量集中透過常用帳戶匯款扣款，而且多使用網路預約或即時轉帳辦理，以降低費用。 | ● 每個月匯款或轉帳 7 次。<br>● 每個月負擔 210 元，而且臨櫃辦理匯款。<br>● 懶得管它，沒差多少，去銀行排隊！ |
| 差異 | ● 一年利息金額：約 2,800 元<br>● 匯款轉帳費用：900 元<br>● **淨賺利息額：1,900 元** | ● 一年利息金額：約 160 元<br>● 匯款轉帳費用：2,520 元<br>● **淨賺利息額：-2,360 元。** |

　　從小蔡與小莉的個案比較，朋友們可以發現 40 萬元的差異就差了約 4,260 元；如果金額愈高且匯款交易愈頻繁，差異也會愈高。所以提醒朋友們，在微利時代，記得要精打細算存錢，才能夠真正從銀行賺到利息。

## 二、少讓信用卡額外費用向您問候！

案例：

小蔡於 111 年 1 月 1 日刷卡消費 1,100 元，信用卡帳單上面寫著繳款截止日為 2 月 20 日；小蔡因為疏忽忘了繳款，結果次月帳單多列了**遲延繳款違約金 300 元及循環信用利息 12 元**。

小蔡略感不滿，立刻聯繫銀行客服人員，客服人員告知：「依信用卡約定條款，未於繳款截止日前繳交最低應繳金額，第 1 個月應負擔 300 元及循環信用利息」，小蔡只好立即匯款繳費並自責自己為何不小心點！

擁有信用卡真方便又划算，不僅符合條件可以免年費，還可以獲贈精美贈品、累積紅利積點或現金回饋、免費分期、刷卡買機票又贈送高額保險等等。但是朋友們，銀行或信用卡公司也是營利事業，不是公益社福事業，當然也要賺錢！

信用卡持卡人擁有的這些贈品或回饋，其實羊毛出在羊身上，可不是免費的。銀行除了向廠商針對刷卡金額收取手續費、向持卡人收取預借現金手續費及循環信用利息外，遲延繳款違約金等相關費用都是銀行要額外收取的費用！

　　舉例來說，小蔡的信用卡必須負擔的主要費用如下：

| 項目 | 需要收費狀況 | 台幣費用 |
|---|---|---|
| 遲延繳款違約金 | 未於繳款截止日前繳清最低應繳金額或遲延繳款 | 每次 300 元 |
| 循環信用利息 | 未繳清消費金額或預借現金(銀行依照持卡人信用風險實施差別利率收費) | 7.1% |
| 預借現金手續費 | 預借現金時 | 150 元+ 預借現金金額 x3.5% |
| 調閱簽帳單 | 帳單有疑義，申請調閱 | 每筆 100 元 |
| 掛失補發手續費 | 信用卡遺失或被竊，申請補發 | 每卡 200 元 |
| 其他 | 年費(300~2,500 元)、國外交易手續費(0.5%~1.5%)、分期手續費(依據年利率5%~7%收取)、補發對帳單費用(100 元)等 | |

所以小蔡因為卡片太多，忘了按時繳納信用卡費用，除了應加收「遲延手續費」外，還要收取循環信用利息；額外費用金額312元(300元+循環利息12元)。建議朋友們繳費帳單要保管好，而且依照付款時間先後順序排列繳款最好。如果自己很健忘或是信用卡一大堆，記得去辦理金融機構自動扣款；當然扣款銀行帳戶的存款餘額也要金額足夠喔！

　　另外，如果因為沒有收到信用卡帳單才遺漏繳款，記得打電話給發卡銀行告知沒收到帳單，請銀行補發後繳款或立即匯款繳款，這樣銀行通常就不會收取客戶遲延繳款手續費及循環信用。

　　最後，建議大家儘量別使用預借現金，也別只繳納最低應繳金額，因為利率較高、費用也高，記得要精打細算才能荷包飽飽！

三、養老院夜間何妨設在家中

　　現代人生活忙碌、工作時間逐漸延長，雙薪家庭已十分普遍；因此托嬰給保母、參加安親班及補習已成為台灣社會未成年子女的生活模式，雖無奈，但也切合忙碌現代人的需求。

　　繁忙的現代社會，同樣讓孝順父母變成困難重；如何兼顧家庭、事業子女教養並孝順父母？傳統觀念上，養老院似乎是子女棄養或獨居老人的收容所，但現在老人養護已逐漸升級成樂齡照護及中高級活動中心或休息站。這可從頗受好評甚至爭相登記，申請遷入安養中心居住之長輩愈來愈多，看出端倪。早上上班前將長輩送到日間照顧的所在地，晚上當子女們下班後，回到家裡與子女同住的『托老所』模式，也是蠻好的選擇。

　　國內安養護機構名稱不一，主要包含博愛院、養老院、安養中心、養護所、養護中心、老人之家、老人公寓、護理之家及長期照護大樓等。許多安養護機構服務對象同時針對健康老人及生活無法自理之非健康老人。

費用負擔方面，包含公費及自費二種；公費由政府負擔，自費略似房屋租賃，除保證金或押金外，額外需負擔每月生活費用。另外部分集團針對中高所得族群，推出高級樂齡族公寓。就健康老人安養、非健康老人養護及高級樂齡住宅，進一步列表舉例說明。

| 機構 | 養老院、老人之家、老人公寓、安養護所 | 養老院、安養護所、護理之家、長期照護 | 高級樂齡住宅 |
|---|---|---|---|
| 養護對象 | 健康老人為主 | 生活無法自理老人，例如：中風、慢性疾病、失智、年邁乏人照顧、癌症末期 | 健康老人為主 |
| 服務模式 | 日間托老 全日托老 | 日間托老 全日托老 | 住宅、公寓 |
| 服務內容 | 食衣住行等日常生活照顧為主 | 1.食衣住行等日常生活照顧 2.長期醫療照護 | 食衣住行等日常生活照顧為主 |
| 自費金額 | 1.押金或保證金：3~6萬 2.每月費用：1.5~3萬 | 1.押金或保證金：5~40萬 2.每月費用：2~3.5萬 | 1.押金或保證金：300~500萬 2.每月費用：2.5~5萬 |

*不含醫療、額外照護及特定飲食用品等費用

四、生涯規劃、證照與生活規劃

　　人生從孩童至青少年、青壯年、再到中老年，生活重心隨之更動，孩童青少年時期以學校生活為主軸；青壯年則多以職場工作為生活主軸。中老年人仍然持續投入職場或社會工作，等到 65 歲退休後再來思考人生嗎？

　　中老年除了選擇完全退休制度外，建議考慮選擇部分退休制度。年齡處於 50~65 歲階段，可逐步降低工作勞累程度與工作時數，65 歲後則仍以慢活自在方式，持續投入工作或社會公益。

　　因此中老年人退休後可持續以各種模式參與工作或社會公益活動。熟齡樂齡職涯規劃，不一定要追求薪水高、職位高的工作，而需要選擇自己體力能夠負荷、兼顧個人專業、家庭、休閒及興趣的工作。

　　所以，50 歲後~100 歲階段，仍可持續投入職場、持續學習進修、持續從事運動與參與社交活動，實在是正向又健康的熟齡樂齡退休職涯的生活模式。

| 年齡 | 學習經驗 | 證照/課程 | 居家休閒 |
|---|---|---|---|
| 27歲以下 | ● 選擇企管、金融保險專業<br>● 培養多元興趣休閒 | ● 壽險概論、壽險經營<br>● 壽險業務員<br>● 證券營業員<br>● 壽險管理師 | ● 與父母同住<br>● 籃球、羽球 |
| 28歲~40歲 | ● 增強英文與電腦技能<br>● 增強國內外金融保險專業與實務<br>● 增強程式撰寫與簡報 | ● 高級營業員<br>● 國際證照<br>● 投信投顧業務員<br>● 信託業務員<br>● 產壽險經紀人 | ● 自行居住<br>● 國內外旅遊<br>● 羽球、太極拳推手<br>● 慈善活動 |
| 41歲~50歲 | ● 增強金融保險實務解決能力<br>● 增強領導統御與企業經營<br>● 增加顧問輔導能力 | ● 產險代理人<br>● 銀行內控、法遵與稽核<br>● 外幣證照<br>● 就業服務技術士 | ● 與妻小居住<br>● 國內外旅遊<br>● 太極拳、騎單車、爬山 |
| 51歲~100歲 | ● 學習手機或平板電腦操作<br>● 學習視訊軟體 | ● 推廣教育中心咖啡飲茶課程、烘培<br>● 太極拳推手課程、佛學 | ● 與配偶同住<br>● 國內外旅遊<br>● 太極拳、散步、騎單車 |

五、個案：就讓孩子自己騎車，別在後面推車！

> 個案：現年國三的小莉，每天都想要逃避學校夜間輔導、學校模擬考與補習，她覺得能夠每天少讀點書、多去逛街購物或上網聊天交友、追劇才有趣！她覺得讀書只是為爸媽而讀書，被逼著讀書，真是無趣！

有一次騎車時，我留意到有人汽車/機車壞了，乘客在後方推著車子向前走，後來推車的乘客滿身大汗而勞累地蹲坐在地的景象。那時候我想著，為何不打電話給維修廠的拖車前來拖吊？為何不能請維修師傅前來維修？如果沒有汽油了，為何不能搭乘計程車前往買汽油，讓汽車可以開跑後，再去加油加到滿呢？

孩子就像您的汽機車一樣，您可以幫他加油、幫他保養維修車子、當他的拖車協助拖吊車子去維修，但不能總是在後方推著他、逼著他向前走；這樣太累了、太無趣了！許多孩子們每天被爸媽逼著催著去吃早餐、上學去與讀書去。這樣的生活，讓許多孩子們已經遺忘了讀書學習的樂趣，也失去的生活的動力！

讀書或學習的樂趣，是可以培養的、是可以重鑄的。怎麼培養或重鑄呢？首先，讀書難道不能稍微自由彈性一些嗎？可以讓孩子閱讀些有益的課外讀物或學習一些才藝或技能，這對於小孩的考試與未來人生都是有幫助的；而且也可以降低小孩滑手機或上網路、看電視的時間比重。

　　這時候這些課外讀物與才藝技能就是汽油燃料或拖吊維修的轉換，可以讓孩子們加油後、維修後，自己邁步向前昂昂而行。

　　其次，爸媽、師長與孩子們的溝通方式其實也可以調整。建議可以採行聆聽後、觀察後、詢問後、再給予建議的溝通方式，而不是「逼著、罵著、吼著；催促著、限制著、命令著」；否則爸媽與師長就走上一直需要在後方推車的窘境了！

　　對於小莉的推車模式個案，新增一個加油(鼓勵)模式個案並摘要比較建議如下：

| 模式 | 推車模式 | 加油模式 |
|---|---|---|
| 孩子學習心態 | ● 逃避<br>● 為爸媽而讀書<br>● 自己偷偷玩<br>● 滑手機、追劇、交友聊天 | ● 主動面對<br>● 為自己讀書<br>● 有空可讀課外讀物或學習才藝技能 |
| 親子關係 | ● 保持距離<br>● 不想說、不想談 | ● 詢問閒聊<br>● 互相分享鼓勵 |
| 協助方式比喻 | ● 幫她繫鞋帶<br>● 釣魚給她吃<br>● 不教她釣魚技巧 | ● 讓她試著自己繫鞋帶，並教她繫鞋帶技巧<br>● 教她釣魚技巧、享受釣魚樂趣 |

小叮嚀：

1. 孩子就像您的汽機車一樣，您可以幫他加油、幫他保養維修、當他的拖車協助拖吊車子去維修，但不能總是在後方推著他、逼著他向前走。

2. 推著孩子走，太累了！太無趣了！何不協助他加滿油向前走！

3. 良性互動的親子關係，對於孩子的學習與未來人生通常是正向加分！對於成年子女也適用！

## 第二章 理財健診個案與常見詐騙手法

 第一節 理財健診個案研討

 第二節 常見老年金融詐騙手法

 第三節 老年金融詐騙或內控弊端個案

 第四節 模擬考題

# 第二章 理財健診個案與常見詐騙手法

## 第一節 理財健診個案研討

### 一、小李的理財困境

✎ 小李每天忙碌，但卻沒有存到錢，不知怎麼理財？

| 資產/收入 | 金額 | 說明 | 負債/支出 | 金額 | 說明 |
|---|---|---|---|---|---|
| 活存 | 3 萬 | 0.2% | 房屋貸款 | 500 萬 | 利率=1.7% 每月還款 24,600 |
| 定存 (1 年) | 5 萬 | 0.78% | 信用貸款 | 100 萬 | 利率=3.5% 每月還款 5.800 |
| 基金股票投資 | 25 萬 | 報酬率：+1.5% | 信用卡循環信用 | 5 萬 | 利率=9% 每月扣利息約 400 元 |
| 保險 | 年繳約 6.8 萬 | 壽險 2.5 萬、車險保費 4 萬、火險 3 千 | 零用錢 | 每月 2 萬 | |
| 不動產 | 600 萬 | 自住 | 生活費 | 每月 3 萬 | |
| 月薪 | 6 萬 | | | | |

依據小李的財報概況,理財顧問建議如下:

1. **每月家庭收支失衡**:現行每月薪資收入扣除貸款及生活費,呈現不足近 2.1 萬情況。

2. **負債管理為首要**:建議小李先行調降負債比,現行負債比高達約 51%。帳上仍有定存 5 萬元,建議定存解約,立刻還清信用卡循環額度金額 5 萬元。

3. **中長期投資績效不佳**:建議可部份金額提早還款,將基金股票在近期相對高點申辦贖回獲利了結,並將資金用來償還信用貸款。

4. **保險規劃需精打細算**:車險保費略高,經查投保乙式車體損失險導致保費過高,建議改投保丙式車險並另投保意外險、意外醫療險、健康險與加保壽險,以提高保障。

5. **控管零用金與生活費開銷**:控管開銷支出(節流)很重要,需要適度下修或刪減消費支出;例如下修為 3.1 萬元。

## 小李健診後財務報表摘要：

1. **每月家庭收支狀況調整妥當**：每月薪資收入扣除貸款、生活費及零用錢，呈現沒有虧損情況。
2. **負債比=48%；逐月下降，轉趨健康。**
3. **保險健診與調整**：因為有貸款高達 500 萬，因此需要調高壽險及意外保障，以降低意外事故衝擊。

| 資產/收入 | 金額 | 說明 | 負債/支出 | 金額 | 說明 |
|---|---|---|---|---|---|
| 活存 | 3 萬 | 0.2% | 房屋貸款 | 500 萬 | 利率=1.7% 每月還款 24,600 |
| 定存 | 0 萬 | | 信用貸款 | 75 萬 | 利率=3.5% 每月還款 4,350 |
| 保險 | 年繳約 7 萬 | 壽險/意外/健康險 4.2 萬 車險保費 2.5 萬 火險 3 千 | 零用錢 | 每月 1.1 萬 | |
| 不動產 | 600 萬 | 自住 | 生活費 | 每月 2 萬 | |
| 月薪 | 6 萬 | | | | |

## 二、老李的理財困境

老李最近不知怎麼了，錢都跑去哪裡了？退休金規劃沒著落，真是煩，需要調整一下。

| 資產/收入 | 金額 | 說明 | 負債/支出 | 金額 | 說明 |
|---|---|---|---|---|---|
| 活存 | 30 萬 | 0.2% | 房屋貸款 | 250 萬 | 利率=1.7% 每月還款 12,300 |
| 定存 | 10 萬 | 0.78% | 零用錢 | | 每月 1.1 萬 |
| 保險 | 年繳約 30 萬 | 傳統壽險/意外/健康險 27 萬、車險保費 3 萬、火險 3 千 | 生活費 | | 每月 2 萬 |
| 基金投資 | 20 萬 | 報酬率：4%；95%配置於股票型基金 | | | |
| 股票投資 | 100 萬 | 報酬率：5%；主要投資科技股。 | | | |
| 不動產 | 700 萬 | 自住 | . | | |
| 每月薪資 | 6 萬 | | | | |

依據老李的財報概況，理財顧問建議如下：

1. **老李的理財問題關鍵在於保費負擔過重及資產配置應調整，並宜預先規劃退休金財源。**

2. **每月家庭收支狀況失衡**：現行每月薪資收入扣除貸款及生活費，呈現收入結餘約 1.7 萬情況。但因每年需要繳納 30 萬保險費，導致財務窘況。

3. **保險費支出縮減**：每年繳納儲蓄險保費過高，影響日常理財收支。經溝通後，得知主因為投保繳費 20 年終身還本壽險，年繳保費 15 萬，目前已繳費 7 年，由於老李已表示保費負擔過重、不知如何處理，因此建議老李**辦理減額繳清保險**，保險金額調降、不須再繳納續期保費，以緩解繳費壓力。

4. **投資管理與資產配置調整**：理財能力與績效頗佳，但風險承擔已明顯超出老李的風險承受能力；需要定期調整選股標的與基金標的配置。考量後續股市修正，建議增加傳統產業與金融股配置比重，並增加國內外平衡型與債券型基金配置比重。另外，活存金額過高，可以採定期定額投資方式逐步調整資產配置並儲備退休金。

**老李健診後財務報表摘要：**

| 資產/收入 | 金額 | 說明 | 負債/支出 | 金額 | 說明 |
|---|---|---|---|---|---|
| 活存 | 5 萬 | 0.2% | 房屋貸款 | 250 萬 | 利率=1.7% 每月還款 12,300 |
| 定存 | 0 萬 | 0.78% | 零用錢 | | 每月 1.1 萬 |
| 保險 | 年繳約 15 萬 | 傳統壽險/意外/健康險 12 萬、車險保費 3 萬、火險 3 千 | 生活費 | | 每月 2 萬 |
| 基金投資 | 55 萬 | 報酬率：4%；50%配置於股票型基金；50%配置於平衡型與高收益債券型基金 | | | |
| 股票投資 | 100 萬 | 報酬率：4%；主要配置於科技生技股(30%)、傳產金融股(40%)、ETF(30%)。 | | | |
| 不動產 | 700 萬 | 自住 | | | |
| 薪資 | 6 萬 | | | | |

### 個案三：Peter 的退休理財難題

Peter 現年 60 歲，剛退休並申請勞保及勞退金給付，勞保選擇年金給付，每月領 1.5 萬，勞退金則選擇一次給付。沒有任何負債，除了房子外還有些存款或保險，預估每月生活費需要 2 萬，應該如何規劃？

Peter 擁有基礎的理財規劃知識且風險承擔能力為穩健型。另外 Peter 的太太也退休了，Peter 需要每月額外給她 1.5 萬元，如何規劃？

| 資產/收入 | 金額 | 說明 | 負債/支出 | 金額 |
|---|---|---|---|---|
| 活存 | 30 萬 | 0.2% | 貸款 | 0 萬 |
| 定存 | 150 萬 | 0.78% | Peter 生活費 | 每月 2.0 萬 |
| 保險 | 年繳約 10 萬 | 2 年繳終身壽險(無還本)、車險 | 太太額外生活費 | 每月 1.5 萬 |
| 不動產 | 1,000 萬 | 自住 | | |
| 每月勞保 | 1.5 萬 | | | |
| 勞退金一次給付 | 200 萬 | | | |
| 基金股票 | 0 元 | | | |

依據 **Peter** 的財報概況,理財顧問建議如下:

1. **退休規劃為當務之急**:夫妻兩人每月需要 3.5 萬,扣除每月勞保給付 1.5 萬,差額 2 萬元如何補足缺口為規劃重點。

2. **資產配置調整為穩健儲蓄**:原先資產配置過度保守,太多閒置資金存放於活存或定存,有違退休金穩健累積。然而,累積退休金金額有限,仍不足以支應夫妻兩人的每月退休金缺口。

3. **每月退休金缺口補足**:透過以房養老模式及退休金配置,彌補退休金缺口。

✎ 以自有不動產申辦以房養老貸款(30 年期間):每月支領 1.2~1.67 萬元,期滿不動產由子女清償貸款後擁有。

✎ 建議採 1/3 法進行退休金理財工具的配置:

   ◆ 月配型全球高收益債券基金:100 萬

   ◆ 金融傳產股或 ETF(高殖利率):100 萬

   ◆ 變額年金保險,挑選月配型全權委託投資帳戶:100 萬

   ◆ **調整後目標:預計平均每月新增配息及股利金額:約 1.1 萬元。**

**4. 日常生活開銷與存款調整：**

　　考量通貨膨脹及年金改革造成給付降低，而且基金、全委帳戶與股票配息常有波動，因此仍須維持基本日常生活開銷所需，所以活存與定存仍有需要保留，建議初期仍保留 80 萬存款，可透過定期定額或多次投資模式進行股票或基金投資，以增高收益。

　　已投保的儲蓄型保險，本年度繳完後就繼續讓保單有效；但需要適時留意保單聯絡資料及保險受益人是否需要修改。另信用卡有其便利性而且可以遞延支付，因此仍建議保留信用卡交易模式。

## Peter 健診後財務報表摘要：

| 資產/收入 | 金額 | 說明 | 負債/支出 | 金額 | 說明 |
|---|---|---|---|---|---|
| 活存 | 20 萬 | 0.2% | 以房養老貸款 (30 年) | 1.67 萬~600 萬 利率：1.9% | |
| 定存 | 60 萬 | 0.52% | | | |
| 保險 | 年繳 10 萬 (今年繳完) | 2 年繳終身壽險 (無還本)、車險(約 1 萬) | | | |
| 變額年金 | 100 萬 | 依 4.5%年配息率計算 | Peter 生活費 | 每月 2.0 萬 | |
| 高收益債基金 | 100 萬 | 依 4.5%年配息率計算 | 太太額外生活費 | 每月 1.5 萬 | |
| 高殖利率股票/ETF | 100 萬 | 依 4.5%年配息率計算 | | | |
| 不動產 | 1,000 萬 | 自住 | | | |
| 每月勞保 | 1.5 萬 | | | | |

## 第二節　常見老年金融詐騙手法

### 一、假綁架真詐騙：電話或手機來電謊稱綁架詐騙

電話通知子女或孫子女被綁架，需要匯款到指定帳戶才能救人。

### 二、假網購業者詐騙：來電謊稱網路交易操作錯誤

電話謊稱網路交易操作錯誤因而造成單筆交易變更多筆交易，因而需要匯款到指定帳戶，再協助修訂交易或需要解除分期付款而需匯款等。

### 三、電話或手機來電簡訊或email詐騙

透過手機簡訊或email詐騙通知，告知客戶曾執行特定交易或變更事宜，若有疑問需撥打特定電話或按下連結網址確認交易。

### 四、網路銀行詐騙帳號密碼

透過簡訊、電話或email詐騙通知，告知客戶執行特定交易或變更事宜，若有疑問需按下連結網址進入網路銀行系統；待客戶輸入帳號密碼後，即被詐騙人員騙取帳號密碼而讓歹徒有機可趁。

## 五、抄錄信用卡資料詐騙

詐騙集團透過抄錄信用卡資料或駭入取得資料後，以假身分進行網路購物並使用他人信用卡資料進行交易。

## 六、假冒長官或廠商社交郵件詐騙

駭客假冒主管或廠商通知變更貨款匯款帳戶方式，詐騙員工誤將貨款匯入駭客指定帳戶內。

## 七、金光黨詐騙

詐騙熟齡樂齡人士，謊稱有高額退稅或抽獎中獎通知，需匯款20%稅款到指定帳戶後，可前往A金融機構○○○分行領取退稅款或尊貴禮品。

## 八、騙財騙色詐騙

帥哥美女謊稱單身，喜歡熟齡樂齡族群，並伺機協助保管銀行帳戶及進行理財規劃，最後財富移轉到犯罪集團後再避不見面遠逃他鄉。所以老年人在單身期間可要多多留意那些對您關懷貼心的短暫異性朋友，也多留意自己的交友圈及社交圈。有時候一時疏忽隨興，造成畢生之憾！

## 九、誘騙投資投保

　　未明確告知投資風險，透過保本保息及保證報酬率高達8~15%模式，推介客戶投資或投保高風險商品，因而造成客戶退休金重大虧損。

## 十、老年互助會或標會

　　告知利息高，而且未來可以領回本金或身故時有互助金可領取，但卻被倒會或因互助會倒閉破產而血本無歸。

## 十一、帳號盜用、健保卡及銀行帳戶盜用

　　Line、Facebook、IG或email被盜用而四處向朋友借錢或推銷遊戲點數及推銷其他商品。另外也有許多健保卡或銀行帳號被盜用情況，透過監管帳戶或洗錢帳戶凍結名義，要求老年人盡速提領或匯款。

## 十二、其他：假借律師、法官、檢警、醫院診所、銀行郵局、健保局、電信業、戶政事務所進行電話詐騙。

## 第三節 老年金融詐騙或內控弊端個案

　　以作者與周遭親友案例、搜尋內政部警政署 165 全民防騙網網站資料、參酌台中市警察局犯罪預防科網站及媒體新聞報導相關資料，摘錄編撰要點如下，希望詐騙個案能夠減少。

### 一、境外私募基金詐騙

　　共同基金未經台灣投信投顧業者管理或代銷，由國外資產管理公司或投信投顧公司所募集及經銷，資訊透明度不全，而且投資或贖回手續繁瑣且申訴無門。例如：透過每年保證獲利 10%模式販售，吸引較缺乏理財知識民眾受騙投資。

### 二、百億養老院詐騙案

　　中國大陸的金融詐騙延伸到養老產業，最近有受害老人投訴，被以投資養老院為名義詐騙，中國大陸數萬名中老年人被詐騙金額高達百億元。

### 三、殯葬商品詐騙案

　　靈骨塔詐騙集團向老年人收購靈骨塔商品模式，要求老年人額外支付稅金、疏通費與購買殯葬商品，造成老年人損失超過數千萬元。

## 四、未上市股票詐騙

詐騙集團在外組成投資顧問公司，透過隨機撥打電話或購買擁有的個資資料，向民眾販售未上市股票，並告知股票即將上市上櫃，未來獲利數倍話術向中老年人進行詐騙。

## 五、假結婚騙財

台灣邁入高齡社會，老年詐欺問題將會越來愈多。曾發生過外籍女子十年內嫁來台灣多次，詐騙老人錢財或不動產。

## 六、假冒銀行或網拍賣家或法務機關進行詐騙

台灣已發生多起假冒銀行、網拍賣家或法務機關，透過 Facebook, Line,簡訊,撥打電話等各種方式進行交易詐騙，謊稱帳戶被凍結需要解鎖或涉及洗錢等種種詐騙行為。尤其 Facebook, Line,Instagram 購物缺乏安全交易保障機制，可能付款後但無法收到任何物品或信用卡與匯款交易帳戶資料被盜用。

## 七、中獎通知：祝賀！您被隨機選中！

　　使用手機、電腦、接收 Email 時，突然跳出「祝賀！您被隨機選中」、「有機會贏得 iPhone 獎品」、「抽中 BENZ 汽車」，都是詐騙，想要竊取您的個資進行銷售而且根本沒有任何禮物。當然許多名單也流入電話行銷公司或詐騙業者。

> [**真中獎**律師事務所]
> 恭喜您參加抽獎獲得 BENZ 汽車一輛。請於時限內與我們聯繫並繳交稅款辦理過戶。

## 八、銀行簡訊詐騙

　　收到簡訊，千萬別隨意點選，因為連結的網址是偽造的。許多人收到以下簡訊，結果點選登入網路銀行後被詐騙數百萬。

> [**安葛瑞**銀行]您的銀行帳號顯示異常，請立即登入綁定用戶資料，否則帳戶將凍結使用。
> www.angry-bank.com

## 九、知名金融掏空個案分享

霸菱銀行Barings Bank 在1762年英國倫敦成立。1995年霸菱銀行以1英鎊價格,被ING(荷蘭國際集團)收購。起因為期貨交易員尼克(Nick Lesson)投資衍生性金融商品超額交易失敗,導致銀行近14億美元損失而破產倒閉。摘錄該案的不當內控措施如下:

- Nick Lesson 身兼營業部門與行政部門承辦人員。
- 開立 88888 與 92000 兩個期貨帳戶,偽造買賣交易紀錄進行假交易。
- 以日經指數為期貨標的,進行期貨套利交易。
- 在日經指數崩盤後,讓霸菱銀行產生14億美元的虧損。

## 十、偽造財報及退休金炒股:安隆案(Enron)

安隆公司為美國知名大型上市公司,破產前擁有約2.1萬名員工,主要從事電訊、天然氣與電力產業。因透過認列假收入、成立多家境外公司避稅及透過員工退休金哄抬自家公司股票等方式,哄抬安隆公司股票至每股90美元,其中高階經理人也涉及內部違規交易。東窗事發後股票暴跌至接近0元,在2001年破產。另外,這起事件導致了一家全球大型的會計師事務所

長期停業並導致許多投資於安隆股票的退休金鉅額虧損。

> 📖 **預防詐騙停看聽：**
>
> ● 165 反詐騙專線或瀏覽警政網站。
>
> ● 不要隨便匯款。
>
> ● 不要與陌生人通電話。
>
> ● 不要貪心、不要急躁，確認後詢問後再說再做。
>
> ● 書面或線上問卷不要填寫個人資料。
>
> ● 不熟悉的簡訊連結或 email 連結，不要點選。
>
> ● 信用卡交易應要求簡訊動態密碼驗證且要有簡訊通知交易資訊。
>
> ● 個人資料與信用卡或帳戶資料妥善保管。
>
> ● Fb/Line/IG 等經常更改難度高的密碼。

## 十一、理財個案研討

> 小雲現年 40 歲，白天服務於傳統產業，晚上就讀大學進修部三年級，財務收支狀況如下。預計 45 歲希望能購買一部 65 萬元的汽車並與姐姐合買二房華廈(800 萬)，請為她規畫一下。

| 資產/收入 | 金額 | 說明 | 負債/支出 | 金額 | 說明 |
|---|---|---|---|---|---|
| 活存 | 15 萬 | 0.2% | 房屋貸款 | 0 萬 | |
| 定存 | 60 萬 | 0.78% | 零用錢 | 每月 1 萬 | |
| 保險 | 年繳約 5 萬 | 終身健康險日額 1 千元；機車強制險 | 生活費 | 每月 1.5 萬 | |
| 每月薪資 | 4.5 萬 | | | | |
| 不動產 | 0 元 | | | | |
| 股票 | 0 元 | | | | |
| 基金 | 50 萬 | | | | |

# 第四節 模擬考題

一、選擇題：

1.台灣在 111 年，65 歲以上老年人口佔率約達到多少？

A. 10%

B. 16%

C. 20%

D. 25%

解答：【B】

2.近年來台灣每年的新生兒人數大約多少？

A. 20 萬

B. 10 萬

C. 17 萬

D. 25 萬

解答：【C】

3.老年經濟安全制度涵蓋以下那些面向？

A. 社會救助

B. 社會保險

C. 福利措施

D. 以上皆是

解答：【D】

4.請問防詐騙專線號碼是？

A. 110

B. 119

C. 165

D. 168

解答：【C】

5.下列何者非為信託當事人與關係人？

A. 委託人

B. 受託人

C. 受益人

D. 要保人

解答：【D】

6.台灣的上市公司股票交割日如何訂定？

A. T+1

B. T+2

C. T+3

D. T+0

解答：【B】


7.何謂夏普指數？

A. 基金報酬率/標準差

B. (基金報酬率-無風險利率)/標準差

C. 大盤指數報酬率/標準差

D. 基金報酬率變動率

解答：【B】


8.請說明組合基金的主要投資標的？

A. 股票

B. 高收益債券

C. 共同基金

D. ETF

解答：【C】

9.請問下列何者並非基金投資的可能費用？(複選)

A. 銷售手續費

B. 經理費

C. 贖回手續費

D. 保管費

E. 轉換手續費

F. 保費費用

G. 開辦費

解答：【F】【G】

10.請問會計師簽證報告的等級包含以下哪些？(複選)

A. 保留意見

B. 無保留意見

C. 修正式無保留意見

D. 無法表示意見

E. 否定意見

解答：【A】【B】【C】【D】【E】

二、問答題：

1. 奶奶今年 6 月屆臨 65 歲，缺乏每月退休生活費，只剩下名下不動產，請問她可以如何籌措退休生活費？

2. 請以 65 歲的退休人士為例，說明個人理財規劃的步驟？

3. 小莉擔心媽媽年老時無人照顧，她可以如何規劃媽媽的退休養老財源？

4. 請問小莉買賣房屋需要負擔哪些稅？未來持有房屋需要負擔哪些稅？

5. 請說明台灣股票市場交易的特質？

6. 何謂股票當日沖銷？請說明

7. 何謂對沖基金？

8. 何謂連動型債券？

9. 何謂 REITs？

10. 何謂 CDO？

11.何謂 DCI？

12.請問個人理財健檢時有哪些需要注意的？

13. 黃老師現年 50 歲，現為國小老師，單身，與家人同住，預計 60 歲退休，退休後希望每月有 3.5 萬元退休生活費。請為她規畫一下退休生活所需並提出收入缺口建議。

| 資產/收入 | 金額 | 說明 | 負債/支出 | 金額 | 說明 |
|---|---|---|---|---|---|
| 活存 | 20 萬 | 0.2% | 生活費 | 每月 2.0 萬 | |
| 定存 | 50 萬 | 0.78% | 信用卡 | 每月 0.5 萬 | |
| 保險 | 年繳 4 萬 | 終身壽險(無還本)、車險(約 2 萬)、終身醫療險、意外險 | 旅遊費 | 每月 1 萬 | |
| 基金投資 | 單筆 | 15 萬；報酬率=3% | | | |
| 月薪 | 5.5 萬 | | | | |
| 60 歲退休每月公保退撫給付 | 2.5 萬 | | | | |

## 投資語錄分享：
## 投資大師約翰.坦伯頓語錄(John Templeton)：

● 在別人絕望時買入，在充滿希望時賣出，您需要堅韌的性格。

Buying when others has despaired and selling when they are full of hope, takes fortitude.

## 華倫.巴菲特語錄(Warren Buffett)：

● 不要將消費剩餘的才儲蓄，要先儲蓄後剩餘的才是消費支出。

Do not save what is left after spending, but spend what is left after saving.

● 一定要在自己的熟悉/理解的範圍內進行投資。

Must be in their own understanding allows within the scope of investment.

● 人生(財富)就像滾雪球，你只要找到濕的雪，和很長的坡道，然後雪球就會越滾越大。

Life is like a snowball. The important thing is finding wet snow and a really long hill.

# 第三章 信託安養、以房養老與房屋買賣要點

## 第一節 老年安養信託與保險金信託要點

## 第二節 以房養老制度要點

## 第三節 信託規劃與稅賦規範

## 第四節 房屋交易流程與相關費用稅賦

# 第三章 信託安養、以房養老與房屋買賣要點
# 第一節 老年安養信託與保險金信託要點

一、信託的概念

　　歐美國家使用「信託」方式管理財產情形十分普遍，主要原因是信託制度兼具安全、專業管理與持續的功能，而其他財產管理制度，會因委託人去世或失去意思能力或行為能力而中斷，但在信託制度下，即使當事人去世、喪失意思能力或行為能力，信託關係仍不中斷。

　　信託財產受到信託法的保障，信託財產專戶獨立管理，不受委託人及受託銀行財務狀況惡化或破產的影響，且可避免被子女不當的占用，這對老年財產保障是相當重要的。國內目前已有多家金融機構的信託部開辦安養信託，透過受託銀行獨立且專業的管理，確保退休金及其他財產的安全與有效運用。

　　委託人可以一次或分次方式提供信託財產，由受託銀行依信託契約內容，分散運用於存款、國內外共同基金、債券及績優上市公司股票等收益相對穩定且風險低的理財工具，並依委託人的需要，定期或不定期將信託收益支付予受益人，作為生活費及醫療看護費等，以確保老年生活品質。

圖 3-1 信託當事人與關係人

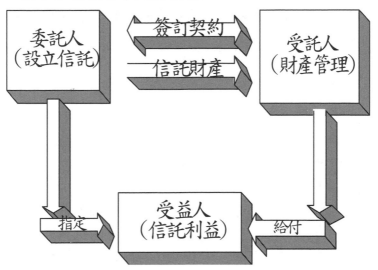

例如：委託人與受託銀行約定，以委託人最後生存日為信託期限，在信託期間內以自己及配偶為受益人享有信託利益。信託期滿以子女或公益機構為信託財產受益人。信託結束時，受託銀行會將信託財產交給委託人指定的受益人。

二、安養信託或退休安養信託介紹

「退休安養信託」由委託人與受託人（銀行信託部）簽訂信託契約，約定將信託資金交付予受託人，由受託人依照委託人之指示，挑選適當穩健之金融商品為投資

組合。在約定之信託期間內,由委託人或其指定之受益人領取本金或孳息,俾使退休後生活無虞。信託期滿再由受託人依據信託契約將剩餘之信託財產交付歸屬受益人。

　　退休安養信託的投資標的可為以下標的:銀行存款、國內外基金及其他信託契約約定的標的。申請退休安養信託時,受益人通常年滿一定年齡,例如年滿 55 歲、身心障礙失能或受益人為未成年等任一情況。

　　舉例來說,王媽媽年事已高,子女都在外地工作,王媽媽獨居在國內某安養機構,近年來王媽媽常接到詐騙集團電話,讓王媽媽的子女擔心不已,於是子女為王媽媽成立「退休安養信託」,由信託財產每月支付安養機構費用及醫療費。如遇有特別付款需要,可由銀行通知子女(信託監察人)後,由信託財產額外支付。

三、安養信託個案

案例:
今年七十歲的劉奶奶擔心身心障礙的單身兒子,未來沒人持續照顧陪診而且遺產又被詐騙。另外又擔心有點遲緩的老伴未來沒人照顧,真是煩心啊!

中國人的父母通常比較關懷老伴、子女、甚至孫子女的未來生活照顧。尤其長輩們更會擔憂自己忘記呼吸時，身心障礙或年老失依的老伴或親人子女未來生活怎麼辦？有沒有什麼金融保險商品可以協助他們呢？絕大部分金融保險商品總是「錢來錢去」，缺乏長期專業安全管理。

　　建議劉奶奶可以考慮向銀行辦理安養信託模式，預先與銀行信託部簽訂安養信託契約，並約定由銀行提供長期專業管理，每月將資金支付予需要被照顧的老伴或身心障礙親人。

　　假如劉奶奶擁有 250 萬元的退休養老存款，劉奶奶除了繼續存款外，還可透過銀行安養信託，每月由銀行撥款約定額度給老伴或身心障礙親人的模式辦理，兩種計劃列表比較摘要如後。

| 計畫別 | A 計畫：<br>為老伴或身心障礙親人安排安養信託 | B 計畫：<br>為老伴或身心障礙親人預留銀行存款 |
|---|---|---|
| 資產管理 | ● 銀行信託部<br>● 專款專用 | ● 仍由失智年老的另一半或身心障礙親人自行管理。<br>● 實際上可能將存摺、身分證及印章交由特定親人管理。 |

| | | |
|---|---|---|
| 投資運用 | ● 應依照訂立契約時約定的投資運用模式，諸如：活存、定存與基金。<br>● 包含定期會計帳務及報表管理。 | ● 特定親人可能挪用資金或錯誤投資並缺乏會計帳務及報表管理。 |
| 照顧模式 | ● 每月由銀行撥款 3 萬元至親人帳戶。<br>● 也可以另外約定非定期給付，諸如意外事故、疾病或照護器材，可在額度內檢附收據報銷。 | ● 由親人自行提領。 |
| 契約期間 | ● 信託期間可以長達20-50 年或終身。 | ● 特定親人通常無法長期照顧陪伴長輩或身心障礙家屬。 |
| 所需費用範例 | ● 簽訂信託契約費用：3,000~6,000 元<br>● 管理費用：依信託財產金額大小而定，例如：每年 0.3~0.6%，按月平均計收、每月最低 1,000~2,000 元。 | ● 名目上無費用；實際上可能產生虧損或挪用風險。 |

整體比較 A 或 B 兩計畫後，可發現大部分民眾選擇 B 計畫，但其實 A 計畫比較安全，因為專款專用而且銀行應依照契約及法規執行。當然選擇 A 計畫也有缺點，例如銀行每年需要收費約 1~2 萬元。究竟如何選擇呢？

關懷照顧存款金額如果低於 50 萬元而且信託期間較長、照顧對象生活能夠自理，建議直接選擇 B 計畫，因為扣除多年費用後，用在照顧老伴或身心障礙者的存款相對較少。若信託期間較長且老伴或身心障礙者身心狀況差、有賴他人長期照顧，則建議選擇 A 計畫。

另外，安養信託只能限制照顧對象是老人家或身心障礙者嗎？其實不是，安養信託也可以為子女事先規劃，信託目的是照顧子女或孫子女未來的教育費用及生活費用喔！最後，總是父母擔憂著子女們；子女們也可以為父母長輩盡點孝心，主動為長輩規劃安養信託喔！

四、保險金信託商品簡介

1. 保險金信託之當事人及關係人

　　保險金信託藉由信託契約預先規劃保險給付之運用，確保壽險之保障及儲蓄投資功能得以持續發揮。委託人通常為保險金受益人；受託人為銀行信託部，即為協助管理財產及處分財產之當事人；信託受益人則為享有信託利益的未成年子女、身心障礙者或長輩。

2. 保險金信託之主要涵意

　　人壽保險是個人理財規劃的基石，具有保障、儲蓄、投資與節稅功能；但如果保險受益人為未成年子女、身心障礙或老年人等弱勢特定人，可能因為保險金運用不當或保險金受侵占而削弱保險保障與理財的功能。

　　保險金信託是將保險給付結合信託，除了身故或全部失能才可以領取的身故保險金及全部失能保險金可以辦理信託外；活著就可以領取的年金、生存保險金及滿期保險金也可以信託化；甚至較高額的失能、醫療或保單帳戶價值皆可信託化。

　　另外，保險金信託屬於指定用途金錢信託，依據信託委託人與受益人是否為同一人，可分為自益信託與他益信託。因此保險金信託化，可能是自益信託或他益信託；規劃時須留意所得稅與遺贈稅等稅賦問題。

保戶投保壽險後預立保險金信託契約，若未來保險事故發生，壽險公司將保險金給付予銀行信託部，由銀行信託部代為管理及運用保險金，並依照信託契約約定，定期給付資金予信託受益人。

圖 3-2 保險金信託之當事人及關係人範例

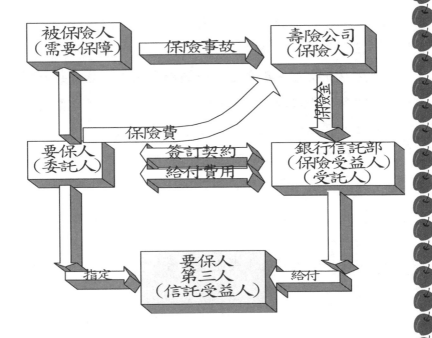

3. 主要保險金信託商品

　　透過保險契約結合信託契約之安排，不但可以獲得專業安全管理，更可以同時結合保險與信託的稅惠。另

外，透過信託機制妥善規劃，可以避免遺產特留分之限制。列舉保險金信託商品如下：

⊙ **身故保險金信託**：對於幼童或身心障礙遺族或不善理財的長輩，透過身故保險金信託，可以更放心未來經濟來源。

⊙ **生前契約信託**：殯葬禮儀服務結合身故保險金信託，預先規劃身後禮儀。

⊙ **生存保險金、年金信託或滿期金信託**：善用每年贈與額度分年贈與，並透過信託機制定期定額專業投資操作並可照顧長輩、身心障礙者及未成年人者。

⊙ **滿期保險金信託**：可以透過結合信託機制後，受益人可以定期定額由信託財產領取信託利益，適合不善理財子女的教育基金或留學基金規劃、身心障礙者照顧及未成年人者照顧。

⊙ **其他保險金信託**：失能保險金、重大疾病保險金、特定傷病保險金等。

圖 3-3 壽險公司保險金信託業務模式

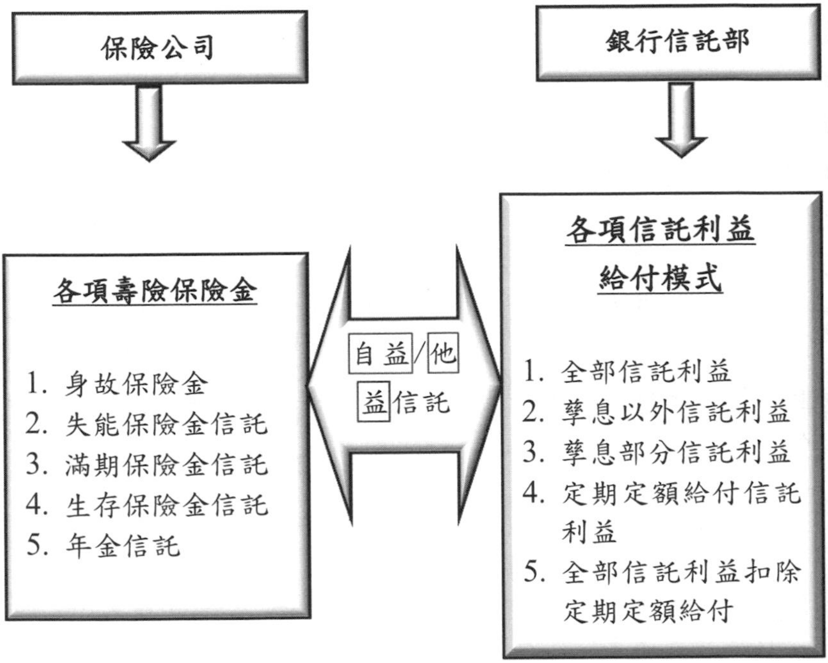

| 保險公司 | 銀行信託部 |

**各項壽險保險金**

1. 身故保險金
2. 失能保險金信託
3. 滿期保險金信託
4. 生存保險金信託
5. 年金信託

自益/他益信託

**各項信託利益給付模式**

1. 全部信託利益
2. 孳息以外信託利益
3. 孳息部分信託利益
4. 定期定額給付信託利益
5. 全部信託利益扣除定期定額給付

表 3-1 保險金信託範例

| 銀行 | 富樂銀行 |
|---|---|
| 壽險公司 | 富樂壽險公司 |
| 商品架構 | 終身壽險+身故保險金信託 |
| 自益或他益信託 | 自益信託 |
| 信託種類 | 被保險人：父母<br>保險受益人：子女<br>信託委託人：子女<br>信託受益人：子女<br>監察人：賀一群 |
| 信託資產配置 | 1.存款：新台幣活期性及定期性存款<br>2.債券型基金、平衡型基金與股票型基金 |
| 信託利益分配 | 可依約定條件，定期或不定期將信託收益或本金分期交付委託人 |
| 存續期 | 30 年期 |
| 費用 | ➤ 簽約手續費：2,000-3,000 元<br>➤ 修約手續費：1,000 元<br>➤ 信託管理費：0.3-0.5%（每月最低一千元）<br>➤ 其他：解約手續費與其他費用 |
| 備　　註 | 1.信託金額下限：新台幣 50 萬元<br>2.高於 2,000 萬元得另約定運用範圍 |

五、個案研討：有價證券信託規劃

有價證券信託商品的委託人以有價證券作為信託財產，並由受託人銀行信託部依信託契約管理、運用或處分該有價證券。

舉例來說，郭董為某家上市公司的大股東，為避免股權移轉風險，想將名下股票移轉給下一代，但是郭董一方面不想過早將股權移轉，而且又擔心股權分散而導致經營權落入他人；並且又想要搭配贈與稅節稅。郭董想要子女每年都有固定收入，該如何規劃有價證券信託呢？

郭董可採用「本金自益、孳息他益」之信託架構，即可透過信託移轉方式，將每年產生之股票配息贈與給第二代，不僅可達到股權逐步移轉的理財目的，並可透過分年贈與模式降低郭董的贈與稅稅額，十多年內郭董亦可繼續擁有公司股權，具有實質的經營權控制力並逐步規劃由下一代接班。

## 第二節 以房養老制度要點

以房養老的基本精神為「將房屋抵押給銀行，並由銀行每月提供退休生活費」。以房養老最適合只有房子卻沒有足夠現金收入的樂齡民眾。簡單說，樂齡族將房地產以一定金額抵押給銀行，換取每月支付定額「貸款」做為養老年金並且可以繼續住在自己的房屋內。

一、以房養老商品要點

1. 每個月由銀行給付每月貸款金額，並扣除累積貸款利息後撥付予客戶。

2. 由於客戶的累積貸款金額逐月增加，因此每個月需要扣除的累積貸款金額將逐月增加，可能導致每個月撥付給客戶的貸款金額過低，因此銀行將設定每月最低金額為 7 成或 1.4 萬元。

3. 借款人除了負擔借款利息以外，還有修繕費用及房屋稅、地價稅等相關稅金。

4. 長期住院治療，貸款契約不會因而中止，但是無法取得連繫時銀行會暫停撥款。

5. 中途可以解約或出售房子，但必須清償貸款。

6. 若借款人身故，房屋所有權有 3 個處理方式：

   ◉ 由繼承人清償或是承接貸款，仍可順利保有房屋所有權。

- ◉ 由銀行取得房屋所有權,如擔保品價值足以清償,則將剩餘價值返還,如不足清償,就借款人其他財產進行追償。

- ◉ 銀行向法院申請拍賣擔保品,就賣得價金受償,如不足清償再就借款人其他財產進行追償。

二、以房養老商品範例

1. 申請人資格:60 歲以上國人。

2. 貸款年限:最長 30 年。

3. 貸款金額:依房屋估價金額的 7 成為限。

4. 利率條件:1.6%~2.3%,依指標利率加碼計息。

5. 每月貸款撥款方式:按月撥付,並須扣除利息。每月利息扣除金額上限為每月貸款撥款金額的 1/3(以千元為單位;無條件捨去);剩餘利息於契約終止時收取。

6. 貸款到期,借款人仍存活,得申請延長貸款期間。

7. 契約終止情況:借款人身故或不動產移轉。

8. 範例:房屋估價金額 1,030 萬,貸款成數近 7 成計算,可借 720 萬元,借款期間 30 年;年利率 1.8% 計算。

9. 每月撥款金額=720 萬/(30x12)=2 萬元;每月扣款利息金額上限為 6 千元 (金額 1/3 為限,以千元為單位;無條件捨去)。

   - ◉ 第 1 個月撥款金額=2 萬元。

- ⊙ 第 2 個月撥款金額=2 萬元-利息 30 元=19,970。
- ⊙ 第 3 個月撥款金額=2 萬元-利息 60 元=19,910。

📖 **數據分享：**

依據金管會統計資料，申辦以房養老個案中，無子女的父母占率約為 9%。顯見大部分熟齡長者不願造成子女負擔，但又缺乏退休生活資金來源，轉而透過以房養老貸款方式每月獲取退休金來源。

三、以房養老個案探討

案例：

老蔡夫妻倆預計明年退休，但預計倆人每月只有 4 萬元退休金不夠用，怎麼退休啊？看到報章雜誌介紹以房養老，讓他們真心動！

退休金不夠用，是大多數讀者朋友們必須面臨的人生難題。大約每月退休金要多少才夠呢？兩夫妻基本生活費用加上醫療費用，至少每月 5 萬~6 萬元才夠。尤其考慮通貨膨脹及看護旅遊費用後，至少每月 6~8 萬才夠。但是老蔡夫妻倆的勞保年金、國民年金保險以及勞工退休金每月只能領 4 萬元，怎麼辦？

其實，小孩都已經出社會工作而且已稍有成就；夫妻兩人也不想要求子女每月提供微薄的奉養金。這時候，老蔡夫妻可以將年輕時辛苦每月籌錢繳付貸款本息的房子抵押給銀行，每月由銀行支付生活費模式，用以支應每月退休金的缺口(A 計畫)。另外，夫妻倆也可以將房子抵押給銀行，一次向銀行貸款一大筆錢，並將貸款餘額存在銀行且將一定比例的存款從事穩健型儲蓄投資(B 計畫)。

舉例來說，老蔡夫妻的房屋可貸金額為 500 萬元，假設需要 20 年的生活費，以房養老的模式可摘要列舉如下：

| 模式 | A 計畫：以房養老<br>(每月向銀行借 2.1 萬<br>當作月退休金，期滿<br>還錢) | B 計畫：<br>一般房屋貸款<br>(一次借 500 萬、每月償<br>還本息) |
|---|---|---|
| 給付<br>方式 | 銀行每月給付約<br>14,000~20,800 元 | 銀行一次撥款 500 萬 |
| 貸款<br>金額 | ● 每月累積貸款<br>● 貸款金額逐月增加 | ● 撥款時貸款餘額最高<br>● 每月還款後，貸款餘額逐月降低 |

| 模式 | A 計畫：以房養老 (每月向銀行借 2.1 萬當作月退休金，期滿還錢) | B 計畫：一般房屋貸款 (一次借 500 萬、每月償還本息) |
|---|---|---|
| 繳息方式 | ● 銀行按月扣除利息後支付月退休金給客戶 ● 貸款金額逐月增加，所以每月利息逐漸增高 | ● 銀行每月從貸款客戶的指定帳戶扣減貸款本息 ● 利息金額逐漸降低 |
| 每月生活費金額 | 約 14,000~20,800 元 | ● 從銀行帳戶自由提領 ● 須保留足夠存款每月還款 |
| 期滿還款金額 | 500 萬元 (可由子女還款或由銀行拍賣抵押房屋後還款，若有剩餘款項則支付予借款人或遺族) | 0 元 (已經每月償還本金利息) |
| 適合對象 | ● 想要每月領取退休生活費用津貼。 ● 不善理財或沒時間理財。 ● 貸款期滿子女擁有足夠資金或保險金還款。 | ● 認為存款帳戶內要有一大筆錢，才有安全感。 ● 自制力良好，不會亂花錢、也不會被騙錢的理財高手。 ● 貸款利率較低的族群較適合，因為一開始就要支付高額利息。 |

老蔡夫妻究竟該如何選擇呢？選擇一次借款 500 萬，還是每月借款 2.1 萬呢？老蔡夫妻需要每月由銀行支付退休生活津貼，因此可以考慮選擇 A 計畫。另外，如果老蔡夫妻覺得擁有一大筆錢在銀行帳戶比較有安全感，而且每月計畫將部分資金透過信託、基金或保險進行穩健儲蓄投資與保障規劃，那麼老蔡夫妻可選擇 B 計畫。

　　最後，其實老蔡夫妻別忘了要為自己的房子車子投保保險、也要為夫妻兩人投保壽險、意外險及醫療險。除了可以分攤醫療看護費用外，也可以透過保險規劃，讓受益人子女未來透過保險金償還銀行借款喔！

四、小心買賣房子被詐騙

案例：
小蔡明年年底準備結婚，最近去買了預售屋、已經付了150萬的前五期款項，預計明年年中交屋，真令人開心！但結婚前看到新聞報導建商一屋多賣逃跑，所以無法交屋，只好將婚期延後並向建商求償。

　　無論買屋賣屋或出租房屋都容易遇到詐騙或建商無法履約，消費者務必多加留意；尤其買屋賣屋價金高達

數百萬或數千萬，更要多加小心，以免遭遇到詐騙或因建商無法履約，而留下人生的悲痛遺憾。買賣房屋可能被詐騙的情況列舉如下：

1. **預售屋**一屋多賣或建商逃跑，已付出的款項無法拿回。
2. **房屋出售**後，只拿到10%~20%的售屋款項後，房屋所有權已被辦理所有權過戶而移轉給他人並且被辦理貸款；但尾款一直拿不到。
3. **買屋**後，繳交訂金10%~30%後，屋主立即捲款而逃，房屋其實已經貸款超過額度或房屋已經賣給他人。

　　怎麼降低買賣二手成屋詐騙風險或履約風險呢？除了透過仲介的成屋履約保證外，其實透過銀行辦理不動產買賣價金信託，可以有效降低成屋買賣的價金損失風險。

　　其次，預售屋買賣如何減少一屋多賣或建商逃跑風險呢？購買預售屋時，除了需要詳細審視建商的財力信譽與工程品質以外，一定要確認該預售屋建案已辦理預售屋價金信託。辦理預售屋價金信託後，所有不動產買方的預付款項或分期款項都支付給銀行信託部，後續由銀行依照工程進度支付款項給建商。摘要列表介紹不動產買賣價金信託及預售屋價金信託業務如下：

|  | 不動產買賣價金信託 | 預售屋價金信託 |
|---|---|---|
| 不動產標的 | 二手屋買賣或新成屋買賣 | 預售屋 |
| 主要信託當事人 | ● 委託人：買方及賣方<br>● 受託人：銀行信託部 | ● 委託人：賣方(建商/地主)<br>● 受託人：銀行信託部 |
| 主要信託費用 | ● 簽約費：5,500~6,500<br>(假設房屋買賣金額為900萬) | ● 視建案規模大小與施工期間長短而定 |
| 不動產買方款項支付對象 | ● 銀行信託專戶 | ● 銀行信託專戶 |
| 賣方取得款項方式 | ● 不動產所有權移轉登記完成並點交完成後，由委託人指示銀行信託部將所有款項餘額支付賣方 | ● 銀行依照工程進度支付工程款給建商並支付各項稅費 |

*各銀行不動產價金信託業務內容與費用存有差異。

　　小蔡所購買的預售屋建案如有辦理預售屋價金信託，那麼建商就無法捲款而逃；即使建商捲款而逃，損失也不大。所以建議小蔡趕快確認一下預售屋買賣契約並確認分期購屋款繳款對象是不是銀行信託專戶？萬一預售屋建案未辦理信託，那就只能採取法律途徑並且暫時租屋了。

　　另外，二手屋或新成屋買賣同樣風險不低，也可能存有一屋多賣、捲款而逃或過戶後尾款不支付等問題，建議朋友們不要省小錢花大錢，記得可以透過向銀行辦理買賣價金信託或挑選提供成屋履約保證的房屋仲介，降低買賣雙方的價金損失風險，也可以讓買賣交屋過程更安心！

　　✐ 建議可透過辦理買賣價金信託方式，降低買賣雙方的價金損失及詐騙風險。

　　✐ 建案辦理預售屋價金信託後，預售屋買方所有預付款項皆支付給銀行信託專戶，並由銀行專款專用依照工程進度分期支付給建商。

　　✐ 二手屋買賣雙方辦理買賣價金信託後，買方將分期款項支付給銀行信託專戶，並於交屋後由銀行支付款項餘額給賣方。

## 第三節 信託規劃與稅賦規範

　　信託必須課徵所得稅、遺產稅及贈與稅。但妥善使用信託規劃，可以合法節稅，摘要列舉如後：

1. 善用贈與稅免稅額分年贈與：生前贈與信託財產，財產權已屬於子女所有。
2. 善用每年定期贈與的他益信託，減少一次贈與額度並降低贈與稅金額。
3. 因採用郵局存款利率估計或折現計算未來信託利益因而可節省贈與稅。
4. 善用自益信託、有價證券信託或公益信託節稅。

### 一、自益信託

　　自益信託及委託人將信託財產移轉給受託人皆屬於形式上之移轉行為，並無實質之財產移轉行為，因此不應課徵所得稅、遺產稅及贈與稅。信託利益在實際分配給受益人時繳納所得稅；在委託人身故時，繳納遺產稅。

| 稅目 | 時點 | 課稅規定 |
|---|---|---|
| 贈與稅 | 信託成立時 | 無 |
| 所得稅 | 信託成立時 | 無 |
|  | 一般信託 (非公益信託) | 信託利益於實際分配時，計入受益人所得課徵所得稅 |
| 遺產稅 | 委託人身故 | 視為委託人遺產課徵遺產稅 |

**二、他益信託**

1. **贈與稅**：信託成立時，視同贈與課徵贈與稅，因委託人將財產贈與給受益人。信託利益孳息或定期定額給付信託利益，依據現值計算信託利益贈與金額。折現利率或估算未來不確定利益，依據郵局一年定儲利率(固定利率)為計算基礎。

2. 自益信託變更為他益信託，需繳納贈與稅。

3. **遺產稅**：信託存續期間受益人身故，針對未領受信託利益價值，課徵遺產稅。

4. **所得稅**：受益人在各年度對於實際分配的信託利益，計入受益人之所得課徵所得稅。

| 稅目 | 時點 | 課稅規定 |
|------|------|----------|
| 贈與稅 | 信託成立時 | ● 視同贈與，課徵贈與稅，由委託人負擔贈與稅<br>● 信託利益於成立時估算現值課徵贈與稅 |
| 所得稅 | 一般信託(非公益信託) | ● 各年度對於受益人實際分配的信託利益 |
| 遺產稅 | 信託存續期間受益人身故 | ● 針對未領受信託利益價值，課徵遺產稅<br>● 贈與後二年內仍需併入遺產 |
| | 遺囑信託 | ● 課徵遺產稅<br>● 遺囑人不得違反民法特留分之規範 |

三、不同信託利益權利模式之遺產稅及贈與稅

1. 信託財產贈與他人，需對於贈與部分列入贈與財產，並課徵贈與稅。若自益信託則無贈與行為，故無贈與稅問題。

2. 分期或定期定額給付的信託利益：以扣除利息後的現值計算贈與財產並課徵贈與稅。折現利率或估算未來不確定利益，依據郵局一年定儲利率(固定利率)為計算基礎。

| 信託利益權利模式 | 課稅規定 |
|---|---|
| 全部信託利益：(本金+利息) | 信託財產全數列為贈與財產 |
| 孳息以外信託利益：本金 | 信託財產現值全數列為贈與財產 |
| 孳息部分信託利益：利息 | 孳息部分信託利益之現值，全數列為贈與財產 |
| 定期定額給付信託利益 | 各期享有信託利益之現值，全數列為贈與財產 |
| 全部信託利益扣除定期定額給付信託利益 | 扣除定期定額給付餘額後，全數列為贈與財產 |

*利率愈高或實際領取的不確定利益金額愈高，節稅效果愈高。

3. 遺產稅：依據被繼承人身故當日之資產價值(時價)列入遺產總額課稅。若有孳息部分依照郵局一年定儲利率折現估算並計算現值後列入遺產課稅。

## 第四節 房屋交易流程與相關費用稅賦

一、房屋買賣流程摘要

### (一)支付訂金

1. 雙方議定價格：買賣雙方就房屋價格達成一致意見，買方向賣方支付訂金，賣方簽收訂金收據；雙方並簽訂書面契約。
2. 選定代書：代書一般由買方挑選，賣方可共用同一位代書。

### (二)正式簽約

1. 確認雙方身份：買方確認賣方的身份，及土地、建物權狀正本。若賣方是代理人，則須確認授權書及被授權人身份證。
2. 簽訂契約：買方就契約內容達成一致意見進行簽約。
3. 支付簽約款：買方將簽約款支付給賣方，前期支付的訂金可扣抵簽約款，賣方可要求買方就剩餘款項簽立尾款本票。

## (三)用印繳稅與貸款

1. 請領用印文件：至地政事務所，請領土地及建物登記
   謄本，填寫土地登記申請書等文件。

2. 繳納相關稅負及費用：買方需要負擔契稅、印花稅、
   地政登記規費。

3. 買方辦理貸款：買方應決定貸款銀行，銀行放款作業
   流程包含申請、鑑價、徵信審查、對保、設定、投保
   火險及撥貸，耗時約 3~6 週。

4. 繳稅：買方持契稅繳稅單；賣方持土地增值稅及房地
   合一稅單各自繳納各自負擔的稅款。

## (四)過戶

1. 領取權狀：至地政事務所登記，買方繳納登記規費並
   領取權狀。

2. 結清尾款及各項費用：

● 買方支付尾款：買方支付賣方全部尾款或由銀行貸款
   匯入賣方帳戶，同時取回擔保本票。

● 買賣雙方需結清未繳稅費負擔：包含地價稅、房屋稅、
   水電費、瓦斯費、管理費、維修費用等稅費。

3. 房屋點交：雙方點交房屋車位、交付鑰匙及門禁卡給
   買方。

二、個人出售房屋土地須完成房地合一申報

1. 房地合一課徵所得稅制度自 105 年 1 月 1 日起施行。
   105 年後取得的不動產都需要適用房地合一稅制。
   個人交易房地即使虧損也要在所有權移轉登記次日
   起算 30 日內申報,不併計綜合所得總額。未依時限
   辦理申報,應處罰鍰。

2. 110 年 7 月起實施「房地合一稅 2.0」:
   為抑制短期炒房,政府修訂所得稅法,明定課稅
   範圍擴及預售屋。因此預售屋交屋後,若在 10 年內
   賣屋,需要就買賣價差部分課徵 20~45%的所得稅。
   另外房屋持有超過 10 年,也需要就買賣價差部分繳
   納所得稅,只是適用稅率較低(15%)。

3. 個人出售房屋及土地交易所得之計算
● 房屋買賣:
房屋及土地交易所得(或損失金額)=
(交易時之成交價額) -(原始取得成本-取得、改良及移
轉而支付費用)

● 繼承或受贈房屋取得房屋,幾年後販售:
房屋、土地交易所得(或損失金額)=
(交易時之成交價額)-(繼承或受贈時之房屋評定現值及
公告土地現值按政府發佈之消費者物價指數調整後價值)
-(因取得、改良及移轉而支付之費用)

- 可扣減成本：房屋土地係出價取得並經提出證明文件者，可為該房屋土地的原始取得成本。
- 其他支出經提出證明文件者：
  - ✧ 取得房屋土地後達可供使用狀態前支付的必要費用(如契稅、印花稅、代書費、規費、公證費、仲介費等)。
  - ✧ 於房屋土地所有權移轉登記完成前向金融機構借款的利息。
  - ✧ 取得房屋後，於使用期間支付能增加房屋價值或效能且非 2 年內所能耗竭的增置、改良或修繕費。

4. 個人出售房屋及土地課稅所得之計算

- 課稅所得(稅基)＝
(房屋、土地交易所得)－(交易日前 3 年內房屋、土地交易損失金額)－(依土地稅法規定計算之土地漲價總數額)

- 依中華民國境內居住之個人持有房屋及土地期間認定適用稅率：
  - ✧ 持有期間在 2 年以內：45%。
  - ✧ 持有期間超過 2 年，未逾 5 年：35%。
  - ✧ 持有期間超過 5 年，未逾 10 年：20%。
  - ✧ 持有期間超過 10 年：15%。

三、房屋稅要點

1. 每年 5 月繳納房屋稅。

2. 房屋稅=房屋(評定)現值×稅率

3. 「房屋現值」：政府每 3 年重新評定一次，並非買房時的市價，金額不包含土地並須扣除累計折舊。

4. 房屋稅稅率範例：各縣市不同。

   - 自住住家用：1.2%
   - 非自住住家用：1.5%
   - 非住家非營業用：2%
   - 營業用：3%

5. 「自住住家用」的標準：符合無出租使用，並供本人、配偶或直系親屬實際居住使用，且本人、配偶及未成年子女全國合計 3 戶以內等 3 要件。

四、地價稅要點

1. 每年 11 月繳納。

2. 地價稅的課稅基礎是「公告地價」，政府每 3 年調整一次，公告地價乘上擁有的土地面積及稅率，即為當年要繳納的地價稅。

3. 地價稅稅率範例：0.2%~5.5%。

4. 符合「自用住宅用地」稅率，僅 0.2%：本人、配偶或直系親屬須辦妥戶籍登記，且該地房屋無出租或無營業情形。

五、土地增值稅要點

1. **土地買賣移轉時，須由賣方(原所有權人)負擔土地增值稅。**

2. **因繼承而取得之不動產，不需繳納土地增值稅。**

3. 土地增值稅須於買賣契約完成後 30 日內申報。

4. 土地增值稅的課稅基礎是「土地公告現值」，每年重新調整。「土地公告現值」與地價稅的課稅基礎「公告地價」不同。

5. 土地增值稅按漲價總數乘上稅率課徵；稅率分為 4 級：20%、30%、40%以及自用住宅優惠稅率 10%。

第四章 股票、基金與其他理財工具要點與個案

 第一節 股票投資要點與個案

 第二節 共同基金投資要點與個案

 第三節 其他理財工具要點

# 第四章 股票、基金與其他理財工具要點與個案

## 第一節 股票投資要點與個案

一、台灣股票市場的特質

1. 產業類別完整,電子股所佔權重最高。

2. 法人對於股市的影響力與日俱增:法人包含外資、投信投顧、自營商、政府基金等。

3. 週轉率高:台灣股市週轉率相對高,短期交易或當沖交易眾多頻繁,投機濃厚。尤其開放現股當沖後週轉率及投機性更高。

4. 內線交易頻傳。

5. 護盤措施與交易規範較多。


二、台灣上市股票基本知識

1. 買賣股票需要先到證券經紀商開戶、指定證券扣款銀行帳戶並開立證券集中保管存摺(簡稱集保存摺)。

2. 股票一張為 1,000 股;也可以買賣零股。

3. 集中市場交易時間為星期一至星期五,時間為 9:00 至 13:30。

4. 我國集中交易市場採電腦自動交易,開收盤時段仍維持集合競價,盤中時段(9:00-13:25)實施逐筆交易。

5. 上市上櫃股票交易費用：投資人每次買賣股票時需要支付手續費率上限=1.425‰；未滿 20 元，得按 20 元計收。通常證券商對於網路下單及零股交易客戶會給予交易費用折扣優惠，例如：5~7 折。

6. 投資人賣出股票，課徵 3‰的證券交易稅。

7. 漲跌幅限制：前一日收盤價+-10%。

8. 投資人符合資格條件，可辦理融資融券。

三、股票交易委託單常見類型

1. 委託單種類：逐筆交易時段「市價委託單」、「限價委託單」、「立即成交或取消」、「全部成交或取消」等種類，可提供投資人更多選擇。

2. **市價單：適用於逐筆交易時段，以當時市價買賣，市價單會優先成交；市價單優先於限價單。**

3. 限價單：成交情況如下：
   - 買進限價委託：買進價格≦限定價格
   - 賣出限價委託：賣出價格≧限定價格

4. 立即成交或取消(Immediate or Cancel, IOC)：IOC 委託指委託即刻成交，未能成交的委託，立即由系統刪除。

5. 全部成交或取消(Fill or Kill, FOK)：FOK 委託指委託須全數成交，未能全數成交，立即由系統刪除。

6. **限價委託採價格優先原則**：限價委託較高價買進，優先於較低價買進；較低賣出價優先於較高賣出價。同價位之申報，依時間優先原則決定優先順序。

7. 結算交割：T（成交日）+2 營業日交割，採全面款券劃撥方式交割，買方交割後股票直接存入集保存摺。

四、當日沖銷交易

1. 投資人得以現股從事先買後賣之當日沖銷交易或先賣後買當日沖銷交易。

2. 投資人若以同一帳戶在同一交易日，現款買進與現券賣出同一檔有價證券成交後，就相同數量部分，可按買賣沖銷後差額辦理款項交割。

3. 當日沖銷交易標的：證券交易所「臺灣 50 指數」成分股股票、「臺灣中型 100 指數」成分股股票及其他開放標的。

五、盤中零股交易

1. 買賣申報時間：上午 9 時至下午 1 時 30 分。

2. 競價方式：上午 9：10 起第一次撮合，隨後每 3 分鐘以集合競價撮合。

3. **零股交易採價格優先原則**：同限價單；較高買進價格優先於較低買進價格；較低賣出價格優先於

較高賣出價格。同價位之申報，依時間優先原則
決定優先順序。

4. 委託種類：主要採限價單，且限當日有效。

5. 交易型態：僅得以現股進行交易，不得進行融資
融券交易。

## 六、股價最小升降單位(檔)

1. 股價小於 10 元：0.01 元

2. 10 元≦股價<50 元：0.05 元

3. 50 元≦股價<100 元：0.1 元

4. 100 元≦股價<500 元：0.5 元

5. 500 元≦股價<1,000 元：1 元

## 七、台股漲跌幅限制

• 每一營業日的最高漲跌幅限制為前一營業日收盤
價的 10%。

## 八、基本分析

1. 實際操盤時，應該同時考量基本(面)分析與技術
(面)分析。基本分析透過經濟指標、產業指標、營
收盈餘與未來獲利研究，可幫助投資人選出值得
投資的股票。

2. 選股方法：

- 由上而下法(Top-Down)：**全球總經→各國經濟**→單一國家→特定產業→特定公司股票；著重總經與市場趨勢。
- 由下而上法(Bottom-Up)：**公司分析**→產業分析→單一國家→各國分析→全球總經；著重選股(價值投資概念)。

## 九、技術分析

技術分析則著重在過去的股價及成交量等相關數據追蹤研究，以判斷未來股價的走勢與買賣時點。主要的技術分析方法可分成二大類：

**1. 型態類技術分析：**

- 道氏理論：股市波動可區分為基本波動(長期股價趨勢)、次級波動(回跌或反彈)與日常波動。
- 波浪理論：完整上升波段可分為初升段、主升段、末升段等共5波，然後走向下跌的3波空頭波段。
- 移動平均線理論：股價長期會與移動平均線一致，因此股價突破移動平均線應該買，股價跌落移動平均線下應該賣。
- 趨勢線理論：上升趨勢、盤整趨勢、下跌趨勢、壓力線與支撐線分析研究。
- K線理論：透過研究過去股價上漲或下跌趨勢預估未來走勢或作為買賣價格參考。

2.  **指標類技術分析：**
- 價格指標：KD 值、RSI(相對強弱指標)等。
- 成交量指標：平均成交量。
- 其他：漲跌比率、籌碼面指標。

3.  **建議：整合基本面、型態類或指標類觀念、籌碼面及消息面，綜合進行價格盤勢分析，而非單純依照個別指標理論判定是否買賣。**

十、消息面指標
- 公司發佈好消息：成功合併消息、獲利或營收成長消息、高股利消息、預估成長消息等。
- 公司發佈壞消息：合併價格過高或合併失敗消息、獲利或營收衰退消息、低股利消息、預估衰退消息等。

十一、殖利率選股法
- 殖利率概念：將股票價格當成存款，把每年配發的現金股利當作利息。
- 股票殖利率 =〔現金股利〕／〔股價〕
- 如果你以 100 元買進，現金股利是 10 元，殖利率為 10%。

十二、ETF(Exchange Traded Funds) 指數股票型基金

指數股票型基金為連結特定股票的指數標的;指數股票型基金與上市上櫃股票相同,皆透過證交所交易。

表 4-1 國內部分 ETF 摘要表

| 上市日期 | 證券代號 | 證券簡稱 | 發行人 | 標的指數 |
|---|---|---|---|---|
| 2003/6/30 | 0050 | 元大台灣50 | 元大證券投資信託股份公司 | 臺灣 50 指數 |
| 2006/8/31 | 0051 | 元大中型100 | 元大證券投資信託股份公司 | 臺灣中型100 指數 |
| 2006/9/12 | 0052 | 富邦科技 | 富邦證券投資信託股份公司 | 臺灣資訊科技指數 |
| 2007/7/16 | 0053 | 元大電子 | 元大證券投資信託股份公司 | 電子類加權股價指數 |
| 2007/7/16 | 0054 | 元大台商50 | 元大證券投資信託股份公司 | S&P 台商收成指數 |
| 2007/7/16 | 0055 | 元大MSCI金融 | 元大證券投資信託股份公司 | MSCI 台灣金融指數 |
| 2007/12/26 | 0056 | 元大高股息 | 元大證券投資信託股份公司 | 臺灣高股息指數 |

資料來源:摘錄自台灣證券交易所網站資料

十三、個案：股票交割日、違約交割、現股當沖

案例1： 阿芬4月3日買進股票，巧遇連假後緊湊上
班，誤以為交割日已過，錢也已經扣了。怎
知營業員打電話來了。交割日到底該怎麼算
呢？

案例2： 阿芬不慎下錯單買進太多股票，成交後帳戶
餘額扣款不足，不知將會如何？

案例3： 現股當沖有風險嗎？

　　阿芬於4月3日以現股成交買進，雖然銀行將於4
月10日扣款，但是4月9日阿芬就必須把錢存入銀行
以便隔天扣款；扣款時間是4月10日早上9點到10
點，否則就算違約。

| 4/3 | T(交易日) |
|---|---|
| 4/4~4/8 連假 | 順延 |
| 4/9 | T+1 |
| 4/10 | T+2(交割日) |

老年經濟安全與理財規劃

　　交割日如遇星期日、例假日都要順延。買進的交割日為 T+2，賣出也是。萬一阿芬買進時下錯單，或買進股票時戶頭內餘額不足，導致銀行帳戶扣不到款，營業員便會通知阿芬儘快補足交割款，否則就違約交割了。

| 萬一阿芬真的違約交割，將會面臨哪些事情？ | | |
|---|---|---|
| **責任** | **證券商措施** | **罰則** |
| 民事 | 券商會向阿芬收取違約金。 | 成交金額 7%為上限 |
| | 券商代表阿芬把股票賣出，如果金額還不足，會向阿芬追償。 | - |
| 刑事 | 有影響市場秩序的重大情節，可能違反證券交易法，阿芬將會面臨刑責。 | 3~10 年 |
| 行政 | 證券帳戶會被註銷。 | 聯合徵信系統留下紀錄 |
| | 無法申請開戶。 | |

　　由於阿芬剛好符合現股當沖的資格，下錯單買進後當場發現便可以馬上反手賣掉，只需要就差額的部分進行扣款。阿芬應當把握在交易時間內趕快想辦法，早發現早彌補。如果仍然不能清掉，阿芬就要趕快去籌交割款了！

　　如果阿芬4月3日以現股的方式買進股票後大漲，於是當天盤中將該股票賣出，由於是現股當沖賺錢就可不用扣款；但如果現股當沖賠錢就要補差價。現股當日沖銷除了是在當天買進賣出以外，還必須是買進與賣出同一股票，且是數量相同的部分。

　　另外，並不是所有標的都可以現股當沖，需到證交所的網站查看公告得為當日沖銷交易標的。政府已開放現股「先買後賣」與「先賣後買」的當沖交易，以增加大盤交易量，提升台股量能。

　　然而，現股當沖看似無本買賣，但是如果阿芬太依賴當沖的交易方式，風險甚高。阿芬務必計算當日可容許虧損的金額及設立停損點，嚴格遵守，以免成交後餘額不足。

十四、個案：股票交易成本

阿芬以現股的方式買賣成交股票，事後檢閱存摺，竟然發現每一筆都少了一些錢，原來是交易成本。雖然不多，但也要算清楚啊！阿芬該怎麼選，才會選到合適自己的證券商下單呢？

　　阿芬利用網路看盤軟體下單買賣股票，發現集保存摺的股票數量正確，但銀行存摺的金額卻在每次買賣中都有短少。怎麼說呢？

　　在 8 月 1 日現股買進股票 2 張共 2 萬元，8 月 10 日以 2 張共 2 萬 2 千元賣出，理應淨賺 2 千元。怎麼賣完後存摺上根本賺不到 2 千元？ 探究之下，原來是交易成本。

| 項目 | 計算(假設手續費無打折) |
|------|------------------------|
| 交易成本： | |
| ◎買進 | ◎買進成交手續費(上限 1.425‰) =2 萬 x 1.425‰=28 (元以下無條件捨去) |
| ◎賣出 | ◎賣出成交手續費(上限 1.425‰)+賣出股票證券交易稅(3‰) =2.2 萬 x (1.425‰+3‰)=97 |
| ◎交易成本 | ◎交易成本為 125 元=28+97 *(證交稅：元以下四捨五入) |
| 股票交易成本佔股票投資金額比率 | 將近 6‰ (5.85‰=1.425‰+1.425‰+3‰) |
| 淨賺 | 賣出金額-買入金額-交易成本= 2.2 萬-2 萬-125=1,875 |

　　阿芬有時賣掉一些零股與權證，為什麼按照以上的算法卻又發現被多扣呢？因為大部分的券商都規定單筆成交手續費的最低收取金額是 20 元；不滿 20 元將以 20 元計費。另外，阿芬申請電子下單，其成交手續費也會享有折扣。

到底阿芬是否選對了一間下單的證券商呢？其實選擇券商並不是全依手續費高低來考量，還應考慮其他因素是否對投資人最有利，以利追求更高的投資報酬率。例如：電子下單的介面是否容易操作？券商服務地點對自己而言是否方便？營業員？扣款銀行？服務？資訊？開戶銀行？

　　如果阿芬想買的股票被打入全額交割股票，券商會要求阿芬預先全額匯款至券商所指定的交割帳戶才能交易，並且不接受融資融券；有些券商甚至會要求簽立風險同意書。

　　什麼情況會被列為全額交割股呢？被列為全額交割股的公司大都為每股淨值或股價過低或財務發生困難，例如：會計師查核簽證意見為「保留意見」或對「繼續經營假設有疑慮」等，皆會打入全額交割股。

☺貼心小叮嚀：

1. 股票交易成本速記：可為每股股價乘以 6；手續費依折數不同，另外乘以折數；不足手續費 20 元以 20 元計。網路下單或零股下單另有優惠。

2. 會計師簽證報告的意見等級有五種，依序為：

- 無保留意見：股票可正常交易
- 修正式無保留意見：股票可正常交易
- 保留意見：得列為全額交割股，要注意
- 否定意見：停止買賣
- 無法表示意見：停止買賣

十五、個案：留意未上市股票的買賣風險

案例：老李偶爾會接到推銷未上市股票的電話，說目
　　　前 1 張 50 元，看好上櫃後會有 100~200 元的
　　　股價。老李猶豫著，不知該不該把握這個機會。

　　未上市股票是一張張的實體股票，絕大多數無法
像上市上櫃和興櫃的股票一樣為無實體化，所以沒有
證券集保存摺、也沒有證券集中保管機構。所以投資
未上市股票時，買方會收到實體股票喔！

　　如何計算股票的發行數量與資本額呢？舉例來說，
某公司實體股票上面印刷的發行股份總數是五百萬股，
每股金額新台幣 10 元整，這樣相乘就可以算出這間公
司所投資的資本總額(總股本)是五千萬元。若現在以每
股市值 18 元成交，而 8 年前以每股 15 元買入，如果
不考慮交易成本，總共可獲得 180 萬，每張股票賺 3
千元，100 張股票共賺 30 萬元。計算如下：

| 項目 | 範例 |
| --- | --- |
| ● **買賣未上市股票 100 張。** | ◎股本=NT$100 萬<br>　　=NT$10x1,000 股 x100 張 |
| ● **1 張 1,000 股。** | ◎市值=NT$180 萬 |
| ● **每股面值 10 元。** | 　　=NT$18 x1,000 股 x100 張 |
| ● **8 年前每股買入 15 元。** | ◎買入成本=NT$150 萬<br>　　=NT$15x1,000 股 x100 張 |
| ● **每股售價為 18 元。** | ◎獲利=NT$30 萬＝ NT$180 萬<br>　　　　　　　　　-NT$150 萬 |

　　案例中的老李偶爾會接到業務員推銷未上市股票的電話，是否應該把握呢？特別在這裡叮嚀朋友們，投資未上市股票絕對要作足功課，除非你(妳)真的對這間公司有很充份的了解，否則不要倉促投資，以免像有些投資者一定虧損累累、抱憾年年！提醒朋友們，投資未上市股票需要留意以下幾項：

1.一定要研讀歷年財務報表，了解營收獲利：如果只憑報紙的商品熱銷新聞或產業前景看好的新聞，卻沒有鑽研歷年財報，就無法進行公司整體評估；而且也需要有專業的會計師事務所簽證的財務報表才

可信賴！

2. 留意負責人及經理人品德與整體產業走勢：民眾的血汗錢買到的股票，如果公司負責人品德不好、經理人作假帳或買到經營不善的夕陽產業公司，可能血本無歸。尤其要留意，部分公司以股權分散及招募自然人股東作為行銷話術，實際上卻存心只想印股票換鈔票、高價出脫手中的持股換取現金，最後一旦惡性倒閉或經營不善，這家公司的股票將成為「壁紙」。

3. 留意資訊不公開風險及可能脫手不易風險：未上市股票資訊不夠公開透明，也不像上市上櫃公司或興櫃公司一樣有主管機關的嚴格監理；而且許多未上市股票交易量有限、造成脫手不易，因此其實未上市股票買賣蘊藏著高風險。

---

☺貼心小叮嚀：

1. 平常上市上櫃股票漲跌幅度為 10%，未上市股票則無漲跌幅限制，所以漲跌幅很大。

2. 未上市股票能否順利上市掛牌、未知難料，可能導致股票長抱或虧損許久喔！

3. 真的要投資未上市股票，請記得需要確認股票真偽並且了解平均每日交易價格與交易數量。

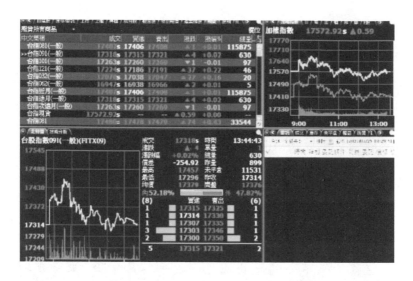

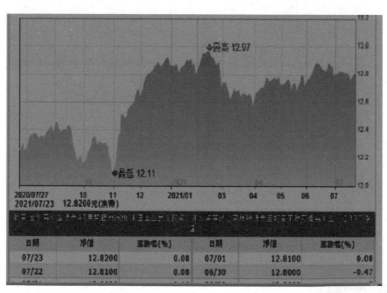

| 日期 | 淨值 | 漲跌幅(%) | 日期 | 淨值 | 漲跌幅(%) |
|---|---|---|---|---|---|
| 07/23 | 12.8200 | 0.08 | 07/01 | 12.8100 | 0.08 |
| 07/22 | 12.8100 | 0.08 | 06/30 | 12.8000 | -0.47 |

# 第二節 共同基金投資要點與個案

一、投資共同基金的管道

1. 銀行：超多基金平台、超多基金品牌、國內外 ETF。

2. 投信投顧公司：單一基金標的、單一品牌基金。

3. 壽險公司投資型保險：全委代客操作標的、精選標的(多基金平台、超多基金品牌、國內外 ETF)。

4. 證券公司：複委託投資基金平台、多基金品牌、國內外 ETF。

二、如何搜尋共同基金的基本資料、淨值、報酬率

1. 基智網　https://www.moneydj.com/

2. 基富通　https://www.fundrich.com.tw/

3. 鉅亨網基金　https://fund.cnyes.com/

4. 各金融保險機構網站：無須成為客戶，也可以瀏覽取得資訊。

三、共同基金的分類與投資要訣

1. 種類區域挑選正確：股票型、平衡型、高收益債券型、債券型、貨幣型；全球型、區域型、單一國家、組合基金。

2. 幣別挑選正確：台幣、美元、歐元、澳幣、日幣、南非幣、英鎊、加幣、韓元等。

3. 基金公司與基金標的挑選正確：大品牌、基金成立久規模大、不會解散、過去數年報酬率穩定。

4. 投資基金時應留意投資期間長短與可承擔的風險高低。


四、夏普指數挑選基金法

1. 夏普指數＝超額報酬 / 風險

2. 夏普指數＝(基金報酬率 － 無風險利率)/標準差

3. 標準差：過去一段時間報酬率上下變動愈大，標準差就愈大。

4. 無風險利率：定存利率或國庫券利率。

5. 夏普指數的使用方法：數字越高越好；但不要迷信，夏普指數僅可用以篩選基金標的。


五、基金風險等級與資產配置

1. 基金風險等級：風險等級由最低到最高，可區分為 RR1~RR5，金融機構需要先為投資者進行投資風險承受評估後，再由客戶挑選適合的基金標的。

2. 母基金+子基金或核心基金+衛星基金：須以穩健獲利基金標的為主體，搭配高報酬的較高風險基金標的之資產配置架構。

六、共同基金的投資金額與方式

1. 單筆投資：
   - 國內基金：每筆信託金額不得低於 1 萬元
   - 國外基金：每次最低申購金額不得低於 5 萬元
2. 定期定額：每筆信託金額不得低於 3 仟或 5 仟。
3. **定期定額投資是獲利秘訣**：價格每日波動，難以掌控，而且股權價格常有上下波動；採定期定額模式或不定期不定額投資模式，有助於降低中長期平均價格，增高獲利金額與報酬率。建議不要將手上財富一次投資，採取<u>多次分批佈局</u>模式。

七、基金種類與商品介紹

1. 積極成長型基金：追求資本利得，投資標的以中小型或高科技股票為主。
2. 成長型基金：長期穩定收益與成長，追求長期的資本利得與配息；投資標的以大型績優股為主。
3. 收益型基金：重視穩定收益而不追求資本利得，投資標的涵蓋股票、特別股與債券，透過股債的配息及股利，追求長期穩定收益。
4. 平衡型基金：同時追求資本利得與穩定收益，透過股票追求資本利得，透過債券追求穩定收益。

5.　高收益債券基金：主要投資於投資等級及非投資等級的高收益債券。高收益債券型基金可能為配息型態或不配息的累積投入型態。

6.　債券型基金：主要投資在各種債券(公債、公司債與金融債券)的基金。

7.　**目標到期債券型基金(Target Maturity Bond Fund)**：基金訂有到期期限，大多投資新興市場債或高收益債為主，通常投資在債券到期期限與基金到期期限相同的債券。

8.　**全權委託投資帳戶(Discretionary Investment Account)**：投資帳戶委託投信或投顧公司投資操作，並依循約定的投資目標與配置內容操作。

9.　**組合基金(Fund of Funds)**：基金主要投資於市面上的各種共同基金標的，而非直接投資於股票或債券等標的。

10.　**對沖基金或避險基金(Hedge Fund)**：透過多空多元操作、放空與期貨選擇權投機交易等多元方式，追求基金之絕對報酬獲利。對沖基金常採私募並以法人或 VIP 客戶為主要客戶，相對風險也較一般共同基金高。

八、基金投資的相關費用範例

　　共同基金投資的相關費用項目常多達 1~2 頁，投資前務必瀏覽審閱後再行決定。部分基金的費用是額外收取的；部分費用項目則是內扣的，即由基金餘額中或贖回金額中扣除。另外許多基金標榜「免收費用」，指的是免收銷售手續費，但仍收取贖回手續費、經理費或保管費等相關費用。

　　基金投資的相關費用，舉例如下：

1. 銷售手續費：0.5%~4%；購買基金時收取。
2. 經理費：1.1%；每一營業日從淨值內扣收。
3. 保管費：0.5%；每一營業日從淨值內扣收。
4. 贖回手續費：1%；贖回基金從贖回金額內扣收。
5. 銀行信託管理費：0.1~2%；贖回基金從贖回金額內扣收。
6. 轉換手續費：0.5%；轉換到其他基金時收取。
7. 短線交易費或反稀釋費：1.5%；短期內贖回次數過多時或特定惡劣市況時扣取。

## 九、個案：投資高收益債券基金停看聽

案例：老李領到退休金 300 萬了！老李的朋友建議他投資 A 投信(投顧)高收益債券基金、每月領配息，配息率比銀行定存高很多，可以輕鬆過著開心的退休生活！老李內心陷入徬徨，到底投資高收益基金真的那麼好嗎？沒有風險嗎？

　　投資共同基金前，記得要停看聽，免得事後虧損內心苦惱後悔！因為基金投資跟銀行存款不同；銀行存款保證不會賠錢，但基金投資可能讓您每年賠掉 20%；共同基金投資是沒有保證獲利的！所以，投資基金前，不要一時衝動立刻投資！如果業務員跟您說，每月配息是保證的，請記得進一步詢問投資本金會不會有損失，也請他/她查詢過去期間的報酬率與績效給您參閱。

　　基金標的挑選方面，建議老李可考慮以定期定額模式或分期多次投資基金的模式，透過時間的分散，降低基金選擇失當或金融市場波動所造成虧損。另外建議挑選基金標的時,可要留意自身的風險承擔能力，切勿全部的標的都挑選風險最高的基金或幣別，否則老李的血壓可能跟著基金淨值或匯率波動，千萬別自

討苦吃喔！

　　還有挑選高收益債券基金別只注意配息率高低，本金(淨值) 高低更加重要！投資的幣別很多種選擇，包含美金、澳幣、南非幣、人民幣或台幣等，風險高低差異很大。基金投資的區域是全球、歐洲、美國、亞洲、單一國家或新興市場國家，風險高低差異也大。<u>所以別只看配息率高低挑選基金，因為配息率不等於實際報酬率，因為部分配息資金來自於投資本金！</u>

　　就老李來說，若以台幣投資 A 投信公司的高收益債券基金，若 107 年 3 月一次將 300 萬退休金單筆投入，基金年報酬率加計配息並考慮匯兌損益後，近一年報酬可舉例如下：

| 基金/報酬 | 單筆投資(原計價幣別)<br>近一年年報酬率範例(加計配息率後) | 單筆投資(換算台幣後)<br>近一年年報酬率範例(加計配息率後) | 近一年化配息率(原計價幣別) |
|---|---|---|---|
| 1. A公司全球高收益債券基金(美元計價) | 1.5% | **7.2%**<br>**(匯兌利益)** | 6.5~7% |
| 2. A公司全球高收益債券基金(人民幣計價) | 4% | **3.6%**<br>**(微幅匯兌損失)** | 8~9% |
| 3. A公司全球高收益債券基金(南非幣計價) | 6.5% | **-9%**<br>**(大幅匯兌損失)** | 10~10.5% |
| 4. A公司全球高收益債券基金(澳幣計價) | 0.9% | **-4.5%**<br>**(匯兌損失)** | 6.5~7.5% |
| 5. A公司全球高收益債券基金(台幣計價) | 0.2% | **0.2%** | 6.5~7.5% |

*上表僅為範例參考,並非推薦或不推薦特定基金。

配息率絕對不等於報酬率、也不是利息，因為本金會有損失、匯兌也會有損失。其次，老李能夠精確掌控匯率或淨值波動趨勢嗎？肯定不行。因此建議採取定期定額投資或多次投資方式分散風險，不要一次將全部資金投入。

　　因此投資基金時，建議持有外幣資產，直接用外幣存款投資基金，較能降低匯兌損失風險。還有老李已屆臨退休，考量穩健退休生活所需，投入南非幣計價的基金比重儘可能降低為宜。最後，觀察期間只有一年，因此報酬率相對遜色，但若將觀察期間拉長且改採多次投資模式，年報酬率隨之波動調整，請朋友們停看聽吧！

📖　小叮嚀：
1. 挑選基金建議不要只依照配息率高低挑選，本金(淨值) 高低更加重要。
2. 挑選基金，別只在意當季或當年的報酬率，也要考慮過去績效以及風險高低。
3. 挑選基金，別將全部儲蓄全部投入，因為買點可能對您不利，建議您採取定期定額投資或多次分散投資模式。

## 第三節 其他理財工具要點

### 一、國內外債券(Bond)

　　債券可區分為公債、公司債或金融債券等。另也可以依據是否定期配息區分為定期配息或不配息債券。利率可能是浮動或固定利率。近幾年來由於國內公債票面利率偏低，因此許多資金轉向國內外公司債、金融債或國外政府債券投資追求較高的利率水準。

　　投資債券需承擔利率風險與信用風險；國外債券則另須承擔匯率風險。相較之下，投資債券尤其要留意信用風險，許多債券利率很高，但信用風險(違約風險)很高，投資時要多瞭解。

### 二、雙元外幣投資 DCI (Dual-Currency Investment )

　　雙元外幣投資結合「外幣定存」及「外幣選擇權」的外幣理財商品；透過承作外幣定存，同時出售一個外幣選擇權組合而成。雙元外幣投資除了承作外幣定存的利息收益外，還透過賺取選擇權權利金方式增高獲利。

### 三、連動型債券/結構型債券(Structure Notes)

　　連動型債券並不是一般債券，連動型債券主要結合債及衍生金融商品操作，因此連動型債券的報酬率與連結的指標連動，例如連結特定股票股價、指數、

利率或匯率等指標模式。連動型債券應擔心信用(違約)風險及匯率波動等相關風險,因此它屬於不保本保息的衍生性金融商品。

連動型債券可概分為具有自動提前贖回型(Target Redemption)與不具有自動提前贖回型態兩種。其次,連動型債券也可概分為每年配息型、特定年度配息、僅首年配息或不配息等型態。

另外,連動型債券可進一步依照是否保本,區分為以下幾種類型:

1. 外幣本金保本型連動型債券(1):透過投資零息債券與買進買權以賺取未來增值利益。

2. 外幣本金保本型連動型債券(2):透過投資零息債券與賣出賣權以賺取權利金。

3. 外幣本金不保本型連動型債券:透過投資債券產生獲利,並連結標的而產生可能增值利益或虧損。

## 四、金融資產證券化與不動產證券化商品

依不動產證券化條例所發行之標的:包含以不動產基礎而發行之證券化商品以及以債權為基礎的證券化商品。分項列述如後:

1. **不動產投資信託受益證券**(REITs, Real Estate Investment Trusts):發行架構類似共同基金,由信託業發行,並向特定或不特定人募集資金,以作

為投資運用不動產相關投資，並於未來定期分配收益給投資人，例如：富樂 1 號。

2. **不動產資產信託受益證券**(REAT, Real Estate Asset Trust)：類似金融資產證券化商品，將不動產或不動產權利，由信託業向特定或不特定人募集資金；存續期間內投資人可定期獲得票面利息，到期時可拿回投資本金。

3. **以債權為基礎的證券化商品**：依金融資產證券化條例所發行之受益證券或資產基礎證券，例如：以貸款、信用卡、應收帳款與債券債權為主要資產基礎而發行之證券化商品。它是以金融機構債券資產中分割出一部分債權，並透過信託機制與信用評等方式，將資產分割成證券模式，方便投資大眾參與投資。舉例來說，抵押貸款證券化商品(CDO)就是屬於以連結貸款的證券化商品。

4. **抵押貸款證券化商品 CDO**

　　CDO（Collateralized Debt Obligation）為一種連結抵押貸款形式的證券化商品；抵押貸款債券並非一般保本保息的債券；其收益受所連結的貸款債務收益與風險而定。

　　CDO 商品在 2000 年至 2008 年間在金融業廣泛應用，屬於衍生性金融商品。2008 年金融海嘯的主要成因即為美國房地產泡沫、次貸危機以及 CDO 商品造成的連鎖效應導致全球金融危機。

### 五、金融衍生性商品：期貨與選擇權

金融期貨與金融選擇權商品以現貨市場標的或市場指標為指標標的。衍生性商品的財務槓桿效果高，但承擔的風險也倍增。例如：台股期貨、台股選擇權等。

| 投資工具 | 特色或功能 | 適合需求 |
|---|---|---|
| 債券(國內/國外) | • 可區分為公債、公司債或金融債券等。<br>• 可區分為定期配息或不配息債券。利率可能是浮動或固定利率。<br>• 債券需承擔利率風險與信用風險；國外債券則另需承擔匯率風險。 | 穩定儲蓄 |
| 期貨<br>Futures | • 標準化契約內容<br>• 有完善的交易制度(保證金制度)<br>• 在期貨交易市場交易每日結算<br>• 違約風險低 | 投機、避險<br><br>不適合作為退休投資儲蓄工具 |

| 投資工具 | 特色或功能 | 適合需求 |
|---|---|---|
| 選擇權 Options | ● 買權與賣權 (Call, Put)<br>● 可賺取權利金或價差。 | 投機、避險<br>不適合作為退休投資儲蓄工具 |
| 認股(購)權證/認售權證 (Warrants) | ● 認購權證：買權<br>● 認售權證：賣權<br>● 可以賺取未來價差利潤或直接在交易市場變賣賺取權利金價差 | 投資(套利)、避險<br><br>不適合作為退休投資儲蓄工具 |
| 雙元外幣投資 | ● 結合「外幣定存」及「外幣選擇權」 | 對於兩種外幣皆有需求客戶 |
| 連動型債券或結構型債券 | ● 結合債券及衍生金融商品。<br>● 可區分為外幣保本型或非保本型。 | 積極型客戶，追求高收益 |
| 抵押貸款證券化商品 | ● 連結抵押貸款形式的證券化商品。 | 積極型客戶，追求高收益 |

表 4-2 其他金融工具列表

# 第五章 老年遺產繼承規劃與節稅規劃

## 第一節 民法繼承規範要點與個案

## 第二節 遺贈稅法規範與節稅須知

## 第三節 遺囑撰寫須知與範例

# 第五章 老年遺產繼承規劃與節稅規劃

## 第一節 民法繼承規範要點與個案

一、向法院聲請死亡宣告年限規範[i]：

1. 失蹤人失蹤滿 7 年。

2. 若失蹤人為 80 歲以上，失蹤滿 3 年。

3. 特別災難，失蹤滿 1 年。


二、同時遇難之死亡時點

　　2 人以上同時遇難，不能證明其死亡先後者，推定為同時死亡。因此遇難 2 人相互不繼承；但可能存在代位繼承(由死亡者的直系血親卑親屬代位繼承)。


三、法定繼承人與應繼分

1. 配偶為當然繼承人，可與任一順位繼承人一起繼承遺產。

2. 繼承順位：除配偶外，依下列順序：

 a. 第一順位：包含子女、孫子女、養子女、曾孫子女；孫子女包含內孫及外孫。無論兒子或女兒都有權利分配遺產。直系血親卑親屬依據血親關係判定優先順序，例如：通常由第一順位的子女繼承財產；孫子女無權繼承，除非第一順位子女身故或拋棄繼承，才由孫子女繼承。

b. 第二順位：父母。依據血親關係判定，包含生父母或認養的父母。

c. 第三順位：兄弟姊妹。

d. 第四順位：祖父母(內外祖父母)。

3. 應繼分：民法繼承篇規範各繼承人繼承的比例。

　a. 配偶與子女(卑親屬)：平均分配(依人數比例)。第一順序繼承人，以親等近者優先。

　b. 配偶與父母：配偶 1/2；父母共 1/2。

　c. 配偶與兄弟姊妹：配偶 1/2；兄弟姊妹共 1/2。

表 5-1 應繼分分配摘要

| 繼承人 | 當然繼承人<br>(配偶) | 其他繼承人<br>(血親) |
|---|---|---|
| 配偶及直系血親卑親屬(含子女及養子女 2 人為例) | ● 平均分配<br>● 遺產淨額/3 | ● 平均分配<br>● 遺產淨額/3 |
| 配偶及被繼承人的父母(2 人為例) | 1/2(配偶) | ● 1/2(平均)<br>● 每人 1/4 |
| 配偶及被繼承人的兄弟姊妹(2 人為例) | 1/2(配偶) | ● 1/2(平均)<br>● 每人 1/4 |
| 配偶及被繼承人的祖父母 | 2/3(配偶) | 1/3(平均) |

## 四、特留分

　　財產所有權人若想將較多的遺產,遺留給特定對象;其得以「遺囑」方式處分其遺產。然而,民法基於避免遺產集中於特定對象,訂有「特留分」的規定,以便限制財產所有權人的處分權。特留分指民法繼承篇規範應保留給特定繼承人的遺產比例。

　　所以,我國的財產所有者僅能在限制規範下規劃其財產分配,其限制規範即特留分規範。「特留分」等於應繼分的 1/2 或 1/3;視繼承人與財產所有者間關係親疏遠近而定。

表 5-2 特留分分配摘要

| 情況 | 特留分 |
|---|---|
| 配偶及直系血親卑親屬(含子女及養子女) | 1/2 x 應繼分 |
| 被繼承人的父母 | 1/2 x 應繼分 |
| 被繼承人的兄弟姊妹 | 1/3 x 應繼分 |
| 被繼承人的祖父母 | 1/3 x 應繼分 |

**五、不須受限於特留分之財富移轉方式**

　　熟齡樂齡民眾的財富移轉，如果不想受限於特留分規範或想要降低特留分之限制，得採取以下方式移轉財富：

1. 生前分期或單次贈與。

2. 生前透過規劃財產信託。

3. 生前投保終身壽險商品，並指定受益人分配財產。

4. 配偶得主張夫妻剩餘財產分配請求權，請求婚姻期間一半的財產權，計算被繼承人遺產稅時，可以自遺產總額中扣除。因此分配後剩餘的財產才屬於遺產進行分配並受特留分限制。

5. 特留分是可以拋棄，如果其他繼承人無疑義並未提起訴訟，仍得依照長輩意願辦理。


**六、繼承人喪失其繼承權情況**

　　依據民法，有以下情事者，繼承人喪失其繼承權：

1. 故意致被繼承人或應繼承人於死或雖未致死因而受刑之宣告者。

2. 以詐欺或脅迫使被繼承人為關於繼承之遺囑，或使其撤回或變更者。

3. 以詐欺或脅迫妨害被繼承人為關於繼承之遺囑，或妨害其撤回或變更者。

4. 偽造、變造、隱匿或湮滅被繼承人關於繼承遺囑者。

5. 對於被繼承人有重大之虐待或侮辱情事，經被繼承人表示其不得繼承者。

七、案例：夫妻剩餘財產分配請求權

夫妻間剩餘財產應平均分配，因此配偶得主張夫妻剩餘財產分配。舉例來說，張先生身故後留下財產 1200 萬元，張太太平時為家庭主婦、照顧 2 位子女，並無任何婚後財產，假若夫妻無其他債務且婚前無任何財產負債並採法定財產制，則張太太可分得財產如下：

1. 1,200/2=600 萬元
2. 600/3=200 萬元
3. 合計 800 萬元。

八、相關民法條文摘錄

● 第 1139 條 第一順序之繼承人，以親等近者為先。

● 第 1140 條 第一順序之繼承人，有於繼承開始前死亡或喪失繼承權者，由其直系血親卑親屬代位繼承其應繼分。

● 胎兒為繼承人時，非保留其應繼分，他繼承人不得分割遺產。胎兒關於遺產之分割，以其母為代理人。

## 第二節 遺贈稅法規範與節稅須知

### 一、遺產稅要點摘錄(依據遺產與贈與稅法)

1. 遺產稅按被繼承人死亡時,其遺產總額減除各項扣除額及免稅額後之課稅遺產淨額,課徵 10%~ 20% ii 。

2. 110 年度遺產稅免稅額及主要扣除額

   ◉ 免稅額：1200 萬。

   ◉ 配偶扣除額：493 萬。

   ◉ 直系血親卑親屬扣除額、扶養兄弟姊妹、祖父母扣除額：每人 50 萬；未滿 20 歲,每年另加扣 50 萬。

   ◉ 父母扣除額：每人 123 萬。

   ◉ 喪葬費用扣除額：123 萬。

   ◉ 殘障扣除額(重度以上身心障礙)：618 萬。

3. 約定於被繼承人死亡時,給付其所指定受益人之人壽保險金額、軍、公教人員、勞工或農民保險之保險金額,不計入遺產總額計算。

## 二、贈與稅要點摘錄(依據遺產與贈與稅法)

1. 贈與稅按贈與人每年贈與總額減除扣除額及免稅額後之課稅贈與淨額，課徵 10%~20%。

2. 贈與稅之納稅義務人為贈與人。

3. 贈與稅納稅義務人，每年得自贈與總額中減除免稅額 220 萬元(110 年)。

4. 被繼承人死亡前 2 年內贈與配偶及相關繼承人之財產，應於被繼承人死亡時，視為被繼承人之遺產，併入其遺產總額。

5. 若有贈與行為且超過免稅額，需在贈與行為發生後 30 日內向國稅局申報。

## 三、個人綜合所得稅要點摘錄(依據所得稅法)

1. 納稅義務人、配偶或受扶養直系親屬之人身保險、勞工保險、國民年金保險及軍、公、教保險之保險費，每人每年扣除數額以不超過 24,000 元為限。但全民健康保險之保險費不受金額限制。

2. 人身保險、勞工保險及軍、公、教保險之保險給付，免納所得稅。

## 四、最低稅負制(依據所得稅基本稅額條例)

1. 個人之基本稅額：基本所得額扣除新臺幣 670 萬元後，按 20%計算之金額(110 年)。

2. 個人之基本所得額：依所得稅法規定計算之綜合所得淨額，加計下列各項金額後之合計數：

(1)境外所得：未計入綜合所得總額之非中華民國來源所得，但一申報戶全年之境外所得合計數<u>未達新臺幣 100 萬元者，免予計入</u>。

(2)施行後所訂立受益人與要保人非屬同一人之<u>人壽保險及年金保險，受益人受領之保險給付</u>。但死亡給付每一申報戶全年合計數在新臺幣 3,330 萬元以下部分，免予計入。

(3)私募證券投資信託基金之受益憑證交易所得。

(4)依所得稅法或其他法律規定於申報綜合所得稅時減除之<u>非現金捐贈金額</u>。

(5)施行後法律新增之減免綜合所得稅之所得額或扣除額，經財政部公告者。


五、適用實質課稅原則概要

　　指定受益人之人壽保險給付不計入遺產總額，其立法意旨是考量被繼承人需要保障並避免遺族生活陷於困境，因此提供免課徵遺產稅稅惠。但如果**個案有鉅額投保、高齡投保、重病投保、短期密集投保、躉繳投保、舉債投保、保險費相當於保險給付之儲蓄保險、投保年金保險或投資型保險等情況，可能被國稅局依照實質課稅原則，就該保險給付併課遺產稅。**

## 六、團體保險之稅惠

依據營利事業所得稅查核準則，營利事業為員工投保之團體人壽保險、團體年金保險、團體健康保險及團體傷害保險，其由營利事業負擔之保險費，以營利事業或被保險員工及其家屬為受益人者，准予認定。每人每月保險費合計在新臺幣 2 千元以內部分，免視為被保險員工之薪資所得；超過部分，視為對員工之補助費，應轉列各該被保險員工之薪資所得。

## 第三節 遺囑撰寫須知與範例

### 一、未立遺囑，則依應繼分分配

依據民法規定，如果生前未立遺囑，則依照應繼分分配遺產。例如：繼承人為配偶以及子女，則依據人數平均分配。

### 二、遺囑之效力

依據民法規定，遺囑人於不違反特留分規定之範圍內，得以遺囑自由處分遺產。因為特留分為應繼分的 1/2 或 1/3，透過預立並執行遺囑，可增加特定繼承人所分配的比例或金額。例如：繼承人為配偶以及子女，則 A 繼承人可先獲得半數的遺產，剩餘半數遺產再依據人數平均分配。

## 三、個案研討

　　張爸爸之遺囑指示小張分得全部遺產(240億)，為何小張僅分得 7/12 遺產？

1. 張爸爸遺囑雖寫著小張「獨得」遺產，但法院判決，小張僅能拿到 140 億元。

2. 原因：依據民法特留分至少有半數須由全體第一順位繼承人均分。

3. 小張可拿到的部分計算：

◉ 先分一半：240/2=120

◉ 大家一起依照人數(共 6 人)均分=(120/6)=20

◉ 合計：120+20=140 億。

## 四、自書遺囑注意事項

　　自書遺囑應自己書寫遺囑全文，並明確寫出年月日、地點及親自簽名，如有增減塗改，應於增減塗改處簽名加上蓋章。

　　其次，應明確列出財產所要分配的人的名單，例如祖父母、外祖父母、父母、配偶、子女、孫、外孫等；並將名單中親屬填寫對應所要分配的財產，並註明此部分財產由該人單獨繼承或共同繼承。例如，A銀行帳戶內的所有存款 200 萬由甲繼承，B 銀行帳戶內的所有存款 100 萬由乙繼承。**分配財產時務必留意，不得違背民法特留分的規範。**

第三，務必選定或指定遺囑執行人。因為如果沒有遺囑執行人，即使遺囑書寫完善，也只能當作壁紙或廢止被撕毀或丟棄。

五、自書遺囑範例

自書遺囑內容需要由本人親筆書寫，不可由他人代筆，也不建議電腦打字，而且需要親自簽名加蓋章，並註明身分、日期、地點及具體明確的分配內容。摘附參考範例如下：

# 賀 OO 自書遺囑

立遺囑人賀 OO，出生於民國○○年○月○日，身分證字號 S123456789，依民法繼承篇規定，自書遺囑內容如下：

一、不動產部份：

(一)座落於新北市林口區 OO 段 OO 地號土地及地上建物(門牌號碼 OOO 路 OOO 號 12 樓住宅)，所有持分由配偶 OOO (民國 OO 年 OO 月 OO 日生，新北市人，身分證字號 A223456710)單獨全部繼承。

(二)座落於高雄市鳳山區 OO 段 OO 地號土地及地上建物(門牌號碼 OOO 路 OOO 號 8 樓住宅)，所有持分由長女賀 OO(民國 OO 年 OO 月 OO 日生，高雄市人，身分證字號 S223456710)單獨全部繼承。

二、動產部份：

(一)本人台 O 公司股票共計 1 千張，由長子賀 OO (民國 OO 年 OO 月 OO 日生，高雄市人，身分證字號 S123456710)及次子賀 OO(民國 OO 年 OO 月 OO 日生，高雄市人，身分證字號 S123456711)共同繼承，比率各為 50%。

(二)本人富O、國O、中O及長O等所有股票共計100張，分配予三子賀OO(民國OO年OO月OO日生，高雄市人，身分證字號S123456712)

(三)其餘動產，由配偶單獨繼承。

三、本人指定律師OOO與OOO為遺囑執行人；並同意由本人財產先行支付10萬元新台幣予各遺囑執行人；悉由配偶負責支付所有款項。

立遺囑人：賀OO　(簽名 +蓋章)

中華民國OOO年O月O日O時於OOO律師事務所

見證人1：律師OOO　OOO律師事務所主持律師
地址：OOO市OOO區OOO路OO段OOO號OO樓
電話：(00)0000-0000
見證人簽章：

見證人2：OOO
身分證字號：
地址：OOO市OOO區OOO路OO段OOO號OO樓
電話：(00)0000-0000
見證人簽章：

## 六、個案探討：以協議分割遺產方式分配遺產[1]

> **個案**：被繼承人林君於 110 年 2 月身故，配偶為家管，膝下有 2 男 2 女皆已滿 20 歲，其中次男不幸為重度精神疾病。
>
> 林君擁有土地 4 筆，公告現值總額各為 1,000 萬元，有房屋 2 棟，身故當時評定現值合計為 80 萬元，且銀行尚有活期存款 50 萬元、定期存款 480 萬元，其兒女於 110 年 3 月申報遺產稅，其中配偶、次男、長女及次女皆拋棄繼承，由長男 1 人繼承，應繳多少遺產稅？若所有人皆繼承，以協議分割繼承方式辦理，其稅負如何？

### (一)若配偶、次男、長女及次女皆拋棄繼承時：

1.遺產總額：46,100,000 元

◉ 　土地 4 筆價值：40,000,000 元

◉ 　房屋 1 棟：800,000 元

◉ 　銀行存款：5,300,000 元

2.免稅額：12,000,000 元

3.扣除額：1,730,000 元

---

[1] 參酌國稅局網站宣導個案修訂編輯並增加說明。

⊙ 包括：親屬扣除額：500,000 元（長男 1 人）
⊙ 喪葬費扣除額：1,230,000 元

4.課稅遺產淨額：32,370,000 元
  （46,100,000-12,000,000-1,730,000=32,370,000 元）
5.稅率 10%
6.應納遺產稅額：
  3,237,000 元（32,370,000×10%=3,237,000 元）

**(二)配偶及所有子女皆繼承時(不辦理拋棄繼承)：**

1.扣除額提高為 14,340,000 元
⊙ 配偶扣除額：4,930,000 元
⊙ 親屬扣除額：計 2,000,000 元（子女 4 人）
⊙ 殘障特別扣除額：6,180,000 元
⊙ 喪葬費用扣除額：1,230,000 元

2.課稅遺產淨額：19,760,000 元
  （46,100,000－12,000,000－14,340,000＝19,760,000 元）
3.應納遺產稅額：1,976,000 元
  （19,760,000×10%＝1,976,000）

**(三)合法繼承人全部繼承，比長子 1 人繼承而其他繼承人拋棄時節省了 1,261,000 元遺產稅。**
**(3,237,000-1,976,000=1,261,000 元)**

### ✏ 小叮嚀

| |
|---|
| ✏ 以協議分割繼承方式辦理,即可透過遺產稅各項扣除額節稅,又可達成遺產分配目的。 |
| ✏ 「繼承人於繳清遺產稅後,持「遺產稅繳清證明書」辦理遺產繼承分割登記時,不論繼承人間如何分割遺產,均不課徵贈與稅。 |
| ✏ 拋棄繼承後,拋棄繼承親屬就無法擁有遺產稅的扣除額扣減稅惠,僅剩下繼承親屬才可以扣減扣除額並享有稅惠。 |

## 七、繼承系統表範例

被繼承人：王00
民國 110 年 8 月 10 日
身故
　配偶：李 OO
　民國 108 年 7 月 1 日
　身故（無繼承權）

　　　　　　　　　　長子　王○一
　　　　　　　　　　民國　65 年 6 月 1 日出

　　　　　　　　　　次子
　　　　　　　　　　民國　年　月　日出生

　　　　　　　　　　長女　王○二
　　　　　　　　　　民國 69 年 6 月 1 日出生

　　　　　　　　　　次女
　　　　　　　　　　民國　年　月　日出生

　　　　　　　　　　三女
　　　　　　　　　　民國　年　月　日出生

老年經濟安全與理財規劃

## 八、遺產分割協議書範例

　　立協議書人王○一、王○二等 2 人係被繼承人王○○之合法繼承人，因被繼承人於 110 年 8 月 10 日身故，為便於管理遺產，經立協議書人一致同意，按下列方式分割遺產，俾據以辦理繼承登記。

(一)座落於台北市信義區 OO 段 OO 地號土地及地上建物(門牌號碼 OOO 路 OOO 號 12 樓住宅)，所有持分由王 O 一(民國 OO 年 OO 月 OO 日生，台北市人，身分證字號 A123456710)單獨全部繼承。

(二)座落於高雄市鳳山區 OO 段 OO 地號土地及地上建物(門牌號碼 OOO 路 OOO 號 8 樓住宅)，所有持分由王 O 二(民國 OO 年 OO 月 OO 日生，高雄市人，身分證字號 S223456710)單獨全部繼承。

(三)其他存款與動產共 500 萬，由王 O 一與王 O 二各得 250 萬，分配明細如附件。

立協議書人（全體繼承人）：
王○一（簽名並加蓋印鑑章）
王○二（簽名並加蓋印鑑章）

中　華　民　國　○　年　○　月　○　日

九、民法遺囑相關法條摘錄

第 1190 條

自書遺囑者，應自書遺囑全文，記明年、月、日，並
親自簽名；如有增減、塗改，應註明增減、塗改之處
所及字數，另行簽名。

第 1191 條

公證遺囑，應指定二人以上之見證人，在公證人前口
述遺囑意旨，由公證人筆記、宣讀、講解，經遺囑人
認可後，記明年、月、日，由公證人、見證人及遺囑
人同行簽名，遺囑人不能簽名者，由公證人將其事由
記明，使按指印代之。
前項所定公證人之職務，在無公證人之地，得由法院
書記官行之，僑民在中華民國領事駐在地為遺囑時，
得由領事行之。

第 1192 條

密封遺囑，應於遺囑上簽名後，將其密封，於封縫處
簽名，指定二人以上之見證人，向公證人提出，陳述
其為自己之遺囑，如非本人自寫，並陳述繕寫人之姓
名、住所，由公證人於封面記明該遺囑提出之年、月、
日及遺囑人所為之陳述，與遺囑人及見證人同行簽
名。

第 1194 條

代筆遺囑,由遺囑人指定三人以上之見證人,由遺囑人口述遺囑意旨,使見證人中之一人筆記、宣讀、講解,經遺囑人認可後,記明年、月、日及代筆人之姓名,由見證人全體及遺囑人同行簽名,遺囑人不能簽名者,應按指印代之。

第 1195 條

遺囑人因生命危急或其他特殊情形,不能依其他方式為遺囑者,得依左列方式之一為口授遺囑:

一、由遺囑人指定二人以上之見證人,並口授遺囑意旨,由見證人中之一人,將該遺囑意旨,據實作成筆記,並記明年、月、日,與其他見證人同行簽名。

二、由遺囑人指定二人以上之見證人,並口述遺囑意旨、遺囑人姓名及年、月、日,由見證人全體口述遺囑之為真正及見證人姓名,全部予以錄音,將錄音帶當場密封,並記明年、月、日,由見證人全體在封縫處同行簽名。

第 1196 條

口授遺囑,自遺囑人能依其他方式為遺囑之時起,經過三個月而失其效力。

第 1197 條

口授遺囑，應由見證人中之一人或利害關係人，於為遺囑人死亡後三個月內，提經親屬會議認定其真偽，對於親屬會議之認定如有異議，得聲請法院判定之。

第 1198 條

下列之人，不得為遺囑見證人：

一、未成年人。

二、受監護或輔助宣告之人。

三、繼承人及其配偶或其直系血親。

四、受遺贈人及其配偶或其直系血親。

五、為公證人或代行公證職務人之同居人助理人或受僱人。

---

[i] 民法繼承篇規範，廖勇誠(2016)；陳棋炎、黃宗樂、郭振恭(2004)，
[ii] 5,000 萬以下：10%；5,000 萬~1 億：15%；超過 1 億：20%。

# 第六章 勞工老年經濟安全制度要點與個案

## 第一節 老年經濟安全與退休金制度

## 第二節 國民年金保險制度要點

## 第三節 勞保年金老年給付制度要點

## 第四節 勞工退休金條例制度要點

## 第五節 年金保險與退休金規劃個案

# 第六章 勞工老年經濟安全制度要點與個案

# 第一節 老年經濟安全與退休金制度

## 一、多層制的老年經濟安全制度

　　世界銀行在84年提出報告，提醒全球各國正視人口老化問題並提出各國應建立政府、企業與個人自願參加等三層制老年經濟安全制度。

圖6-1　三層制老年經濟安全制度

　　另外，方明川教授於84年1月提出中國式四層制老年經濟安全制度，除公營退休年金、企業退休年金與個人年金制度外，並納入現代化孝道制度的建立，諸如：托老所、養老院、政府鼓勵子女孝養與其他現代孝順奉養制度，呈現中國多層制老年經濟安全制度[iii]。

圖 6-2 四層制老年經濟安全制度
資料來源：方明川(84 年)

　　就勞工而言，公營年金包含政府經營及主辦的退休金制度，為提供民眾基本的退休生活保障，政府會協助負擔部分保費並給予稅惠；例如勞工保險、國民年金保險、軍保、公教人員保險等。

　　企業年金部分主要由企業雇主主辦，由企業雇主負擔或提撥退休金，並由政府制定法規及提供稅惠鼓勵；例如：勞基法退休金(舊制)、勞工退休金條例的個人帳戶制或年金保險制退休金、公私立學校或公務員退撫制度、企業自己另外辦理的退休金制度。

個人年金部分則是由民眾自行儲蓄或投資的退休金準備金，民眾儲備退休金的金融保險工具多元，端視自身需求而定。

　　從多層制老年經濟安全制度精神可歸納出，完整退休養老制度之建立，絕非單純政府當局之責任、也不是單純屬於企業雇主或員工自身責任，更不單單是個人長期儲蓄投資習慣的建立；而是需要政府當局、企業界及民眾多方長期齊力建立與推動。

　　各層次的年金制度中，各有不同的主軸與焦點，各層之間相輔相成。公營年金部分僅能提供民眾普遍且基本的退休養老生活保障，不足部分有賴企業年金制度與個人退休儲蓄之補足，以滿足民眾更高水準與更高層次的退休養老需求。

二、所得替代率
　　所得替代率（Replacement rate）：衡量退休後生活與退休前生活水準的指標。

$$所得替代率(\%) = \frac{退休後所能得到的資金}{退休前的平均薪資}$$

三、世界上實施公營年金(退休金)制度之財源模式

1.  **稅收制**：透過國家的稅收來支應年金制度的所有各
    項給付支出，通常高稅率國家才能有足夠稅收支
    應。

2.  **公積金制**：企業雇主每月依照員工薪資的特定比率，
    按月提撥到員工個人帳戶，員工退休時以一次或以
    年金方式領取老年給付之方式；諸如：新加坡、智
    利、墨西哥、香港等。

3.  **社會保險制**：採社會保險方式辦理公營年金，由被
    保險人、雇主與政府三者分擔保費，退休時由民眾
    以一次給付或年金方式領取老年給付之方式，諸如：
    台灣、美國、英國、法國、德國與日本等。

　　由於各國政府面臨著嚴重的財政赤字與財政負擔，
因此企業退休金制度與個人退休金制度已扮演老年經
濟安全制度的重要角色。

四、退休金制度種類

　　退休金制度的分類大致可分類為確定提撥制與確
定給付制或兼具確定提撥制與確定給付制特色的綜合
型退休金制度。確定給付制之退休金給付金額標準已
預先明確規範，但提撥比率卻是變動的。例如：勞基
法老年給付最高給付45個基數，但雇主退休金提撥比
率為2~15%；另外勞保年金或國民年金領取公式為月投

保薪資×年資×給付率，也是預先明確規範。

　　相較之下，確定提撥制的退休金給付金額標準並未明確規範，但定期提撥比率已預先確定。例如：勞工退休金每月由雇主固定提撥薪資的6%，但老年給付金額視帳戶餘額而定，並無保證或承諾，亦無確定的給付公式或給付標準。另外農民退休儲金也採確定提撥制。

表6-1　確定提撥制與確定給付制之比較

| 項目/種類 | 確定給付制<br>DB 制 | 確定提撥制<br>DC 制 |
|---|---|---|
| 退休金給付 | 退休金給付標準已預先明確規範 | 退休金給付標準未預先規範 |
| 提撥金額或比率 | 提撥金額或比率變動 | 提撥金額或比率確定 |
| 投資風險 | 由雇主或政府承擔 | 由員工承擔 |
| 對雇主的成本 | 變動 | 固定 |
| 個人帳戶 | 無個人帳戶 | 擁有個人帳戶 |

### 五、勞保年金持續虧損與年金改革建議

　　截至 110 年底，公教人員保險及軍保都已經完成年金改革；但勞保近年每年呈現入不敷出的虧損情況(保費收入小於保險給付)，尚未完成年金改革。勞保預估 116 年左右邁向破產，應儘速改革。政府現階段之改善作法及未來可採取的年金改革措施摘列如下：

1. **保費逐年調高：保費費率由 8% 調高為 18.5%。**
2. **領取年齡逐年延後：62~67 歲。**
3. **政府預算資助：例如：每年政府資助 200 億~300 億或專款專用發行公債資助。**
4. **調降或限制領取金額：**可能方式舉例如下：
   - ○ **延長平均投保薪資計算期間：**例如從最高 60 個月改成最高 180~240 個月的平均投保薪資。
   - ○ **降低每月年金的年資給付率：**例如由現行的 1.55%，降為 1.3%~1%；已經在領取年金的民眾也會受影響。
   - ○ **設定替代率上限或領取金額上限：**例如最高每月領取 2 萬元或最高所得替代率為投保薪資的 5 成；已經在領取年金的民眾也會受影響。
   - ○ **提高投資收益並降低費用：**例如提高資金投資收益每年為 4%~10%；並降低投資相關費用等。

## 第二節 國民年金保險制度要點

一、國民年金保險老年給付要點

　　國民年金保險於 97 年 10 月 1 日依據國民年金法開辦，主要針對尚未有社會保險保障的民眾，提供基本的老年年金與生育、身心障礙、喪葬與遺屬年金等給付。國民年金保險具有以下要點，摘要如下[iv]：

1. 承保對象：針對<u>年滿 25 歲、未滿 65 歲</u>為對象，在未參加軍保、公教人員保險、勞保與農保期間；而且又尚未領取軍保、公教人員保險與勞保等老年給付的民眾納保。

2. **月投保金額全民一致**：國民年金保險之投保金額與全民健保或勞工保險等其他社會保險不同，並未依照薪資金額高低而提供高低不同的投保金額，而是所有承保對象適用相同的投保金額(110 年為 18,282 元)。

3. **年資不中斷**：被保險人投保年資可以持續累積；投保年資愈久，領取的老年年金給付金額愈高。因此被保險人退保後再參加國民年金保險時，保險年資可以合併計算。

4. **老年年金給付結合遺屬年金給付**：遺屬符合資格要求，被保險人身故，遺屬可改領取遺屬年金，可擁有更週延的年金保障。

5. 老年年金給付公式：民眾只需要繳納保費就可以累積年資，繳納年資愈久，未來老年年金領取金額愈

高。 民眾年齡達 65 歲 ，就可以開始領取老年年金給付；並無最低年資要求。老年年金給付按月給付，領取金額採擇優給付，最低領取金額為 3,772 元。

◉　**月投保金額 x (0.65%) x 年資+3,772**

◉　月投保金額 x (1.3%) x 年資

6. 可同時請領：國民年金保險老年年金給付與勞保或勞工退休金等其他社會保險之老年年金給付，可同時請領。但是，須特別留意，已領取勞保老年給付後，民眾請領國民年金保險老年給付，僅能依照[月投保金額 x (1.3%) x 年資]的公式計算每月領取的年金金額，所以並沒有每月最低領取金額 3,772 元的保證。

二、國民年金保險年金給付範例

小莉是家庭主婦，國民年金保險年資 10 年，投保金額皆為 18,282 元，請問 65 歲起，每月可領取多少年金？

◉　**A： 18,282 x 0.65% x 10 + 3,772 = 4,960 元**

◉　B： 18,282 x 1.3% x 10 = 2,377 元

| 小叮嚀： |
| --- |
| ✧ 由於投保薪資固定為 **18,282**，因此年資 **< 31 年**，選擇 **A 式**皆較 **B 式**有利。 |
| ✧ 勞工只要勞保中斷 **1 天**，也要納保；保費已改為按日計算。 |

## 第三節 勞保年金老年給付制度要點

一、勞保年金老年給付規範要點

　　98 年 1 月勞工保險正式邁向老年給付年金化。勞保年金給付具有以下幾項要點，列舉如下：

1. 投保薪資級距：最低為基本工資，最高投保薪資為 45,800 元。部分工時及身心障礙者勞工投保金額另有規定。

2. **年資不中斷**：被保險人退保後再參加保險時，其原有保險年資可以合併計算。被保險人投保年資可以持續累積。投保年資愈久，領取的老年年金給付金額愈高。

3. 老年給付請領資格為 60 歲~65 歲，依年齡或出生年次而定：年金給付或一次給付併行；老年給付之請領年齡視勞保被保險人年齡而定，未來逐步提高至 65 歲才可以領取勞保老年年金。例如：47 年次/1958 年出生，61 歲可領取老年年金。

- ◉ 保險年資<15 年：選擇一次領取
- ◉ 保險年資≧15 年：選擇老年年金給付

4. **勞工保險條例年金新制(98 年)施行前已有年資，可以選擇一次給付或年金領取。**

5. 老年年金給付金額計算：依照投保期間最高 60 個月的月投保薪資計算；並按月領取老年年金給付；領取金額計算採擇優給付，最低每月 3,000 元(110 年)：

- ◉ **月投保薪資 x(0.775%)x 年資+3,000**
- ◉ 月投保薪資 x(1.55%)x 年資

6. 展延年金：每延後一年請領年金，年金給付額外增加 4%，最多額外增加 20%。

7. 減額年金：每提前一年請領年金，年金給付減少 4%，最多減少給付 20%。

8. **老年年金給付結合遺屬年金給付**：遺屬符合資格要求，被保險員工身故，遺屬可改領取遺屬年金，可擁有更週延的年金保障。

9. 年金給付金額隨通貨膨脹調整：依現行規範，累積通貨膨脹率超過＋5%或－5%時，老年年金給付之金額將隨之調整。

二、領取個案範例

1.小莉 47 年出生，勞保年資 20 年，平均投保薪資為 43,900。請問 61 歲起，每月可領取多少老年年金給付？

- ⊙　A：43,900 x 0.775% x 20 + 3,000 = 9,805 元
- ⊙　**B：43,900 x 1.55% x 20 = 13,609 元**

小叮嚀：

年資愈長，適宜選擇 B 式；就本範例試算，九年以下選擇 A 式較有利；年資九年以上(含)，選擇 B 式較有利。

2.小莉平均投保薪資為 43,900，預計延至 66 歲領取老年年金給付，預計年資為 25 年，請問 66 歲起每月可領取多少老年年金給付？
- ⊙　A：　43,900 x 0.775% x 25 + 3,000 =11,506 元
- ⊙　**B：　43,900 x 1.55% x 25= 17,011 元**
- ⊙　**展延年金：17,011 x (1+20%)=20,413 元**

3.小莉平均投保薪資為 43,900，預計提早至 56 歲領取老年年金給付，預計年資為 15 年，請問 56 歲起每月可領取多少老年年金給付？

⊙　A： 43,900 x 0.775% x 15 + 3,000 =8,103 元
⊙　**B： 43,900 x 1.55% x 15= 10,207 元**
⊙　**減額年金：10,207 x (1-20%)=8,166 元**

## 第四節　勞工退休金條例制度要點

　　台灣勞工退休金已在 94 年 7 月 1 日改良成退休金可持續累積的個人帳戶，屬於確定提撥制。勞工退休金區分為二種，其一為個人帳戶制，由勞動部勞動基金運用局負責基金管理，行政作業則由勞工保險局處理，監理機關為勞動部。其二則為年金保險制，由壽險公司經營，勞動部與金管會保險局共同監理。

一、勞工退休金制度個人帳戶制要點

　　台灣勞工退休金個人帳戶制由政府經營管理，雇主每月依據勞工工資提撥至少 6%；另外員工可以自願提繳，提撥比率 6%以內可自當年度個人綜合所得中全數扣除。勞工退休基金由勞動基金運用局管理，收益率保證不低於二年定期存款利率。摘要列舉如下：

1. **雇主負擔的提繳率不得低於勞工每月工資的 6%。**

2. **勞工自願提撥每月工資 6%以內的金額，得自當年度個人綜合所得總額中扣除。**

3. 請領條件[v]：

- ◉ 年滿 60 歲，年資 15 年以上，請領月退休金或一次退休金。
- ◉ 年滿 60 歲，年資未滿 15 年，請領一次退休金。

4. 平均歷年收益率低於二年定期存款利率者，其差額由國庫補足。

5. 基金管理：勞動基金運用局得自行管理或委託金融機構管理。

6. 提撥薪資級距：110 年最低提撥薪資調整為 1,500 元，最高提撥薪資調整為 150,000 元。勞工退休金制度之提撥薪資比照勞基法之經常性工資。以 110 年為例，勞工退休金提撥薪資金額共區分 61 個級距。

7. **退休帳戶持續累積且年資不中斷**：被保險人之退休帳戶可以持續累積；資金累積愈多，未來領取的金額愈高；而且退休帳戶不因年資中斷或轉換工作而歸零。

8. **老年年金給付結合確定年金與延壽年金**：申領老年年金給付時，在平均餘命前透過確定年金方式領取老年給付；並預扣部分金額，作為投保延壽年金之保費支出，以提供活得愈久領得愈多的終身生存年金保障[vi]。截至 110 年底，勞退條例的延壽年金尚未開辦，因此無須扣減躉繳保費。

小叮嚀：從勞工退休金提繳統計數據，可發現勞工退休金實施已相當普遍且資金累積金額極快。然而自願提繳人數偏低(低於 10~20%)，因此累積的退休金絕大部分來自公提(公司提撥)，可見雖然享有所得稅稅惠，但勞工自願提繳的意願偏低。

小叮嚀：依據勞工退休金條例之資遣費核發標準：勞工每滿 1 年年資發給 1/2 個月之平均工資；最高以發給 6 個月平均工資為限。

小叮嚀：勞工於請領退休金前身故者，應由其遺屬或指定請領人請領一次退休金。

二、勞工退休金制度年金保險制要點

年金保險制只開放員工數 200 人以上的大企業可以選擇企業年金保險制，員工數未達 200 人一律僅能選擇個人帳戶制。茲摘要列舉台灣年金保險制的相關規範如下：

1. **保單平均收益率不得低於二年定期存款利率：**
給付標準與方式依年金保險契約規定，由壽險公司經營管理，並由勞動部與金管會保險局監理。

2. **僅開放員工數 200 人以上大企業：**
依據勞工退休金條例第 35 條第 1 項，企業實施年

金保險必須符合員工數 200 人以上的企業且經工會或勞資會議同意後，得以投保企業年金保險商品方式提撥退休金[vii]。

**3. 雇主負擔的提繳率不得低於勞工每月工資的 6%。**

4. 請領條件：依據年金保險實施辦法等規範

   ◉ 勞工年滿 60 歲，工作年資未滿 15 年，請領一次退休金。

   ◉ 年金保險契約應約定，勞工年滿 60 歲，工作年資滿 15 年以上，請領月退休金或一次退休金。

   ◉ 依據金管會頒佈的勞退企業及勞退個人年金保險示範條款，退休金得請領之日不得低於被保險人年滿 60 歲之日，並不宜晚於被保險人保險年齡 80 歲。

5. 適用的保險商品：

   依據已頒佈的示範條款，僅有利率變動型年金保險適用，尚未見變額年金保險的適用；畢竟變額年金保險又如何由壽險公司保證最低收益率？其次，依據「勞工退休金條例年金保險實施辦法」，變額年金保險型態的企業年金商品需設置專設帳簿。

6. 所得稅惠：

   依據勞工退休金條例，參加年金保險制勞工得準

用比照個人帳戶制，享有員工自願提繳的 6% 免稅。

表 6-2 台灣勞工退休金制度年金保險制法令規範摘要

| 項目 | 企業年金保險法令規範摘要 |
|---|---|
| 人 數 限 制 | 針對員工數 200 人以上大企業且需經工會或勞資會議同意 |
| 最低保證收益 | 壽險公司保單收益率不得低於 2 年定存利率 |
| 保險商品限制 | 目前僅公佈利率變動型年金示範條款，並無投資型與分紅傳統型保險的示範條款，因此也無投資標的可供選擇 |
| 提早提領或保單貸款 | ● 退休金給付年齡，年金保險契約不得約定低於 60 歲。<br>● 要保人及被保險人不得以保險契約為質，向保險人借款。<br>● 勞工未符合請領條件前，不得請領保單價值準備金。 |
| 提撥率與所得稅稅惠 | ● 雇主提撥率不得低於勞工每月工資的6%<br>● 參加年金保險制勞工自願提繳部分得比照個人帳戶制享有 6% 免稅 |
| 契 約 關 係 | ● 保險契約關係<br>● 給付標準與方式依年金保險契約規定<br>● 年金保險契約應由雇主擔任要保人，勞工為被保險人及受益人 |
| 監 理 | 勞動部及金管會保險局 |
| 類 型 | 確定提撥制 |

小叮嚀：**勞保訂有 5 人以上勞工企業才需為勞工投保勞保**；但勞工退休金提撥、投保全民健保及職災保險則不限員工人數都需要為員工投保。

## 三、綜合比較：國民年金保險、勞工保險與勞工退休金老年年金給付制度比較

表 6-3 老年年金制度綜合比較

| 構面/制度別 | 國民年金保險老年給付 | 勞工保險老年給付 | 勞工退休金老年給付 |
|---|---|---|---|
| 最高投保(提撥)金額 | 18,282 | 45,800 | 150,000 |
| 領取老年給付年齡 | ≧65 | ≧(61~65) 111 年為 63 歲 | ≧60 |
| 平均金額計算基礎 | 65 歲時投保金額 | 最高 60 個月 *未來朝最高 180 個月投保薪資調整 | 依據各月薪資提撥計算 |

| 構面/制度別 | 國民年金保險老年給付 | 勞工保險老年給付 | 勞工退休金老年給付 |
|---|---|---|---|
| 一次給付或年金給付標準 | 採年金給付 | 1.保險年資 15 年以上，請領月退休金。<br>2.保險年資未滿 15 年，請領一次退休金。 | 1.工作年資15年以上，請領月退休金或一次退休金。<br>2.工作年資未滿 15 年，請領一次退休金。 |
| 年金金額計算 | 1.月投保金額 x 0.65% x 年資 +3,772<br>2.月投保金額 x (1.3%) x 年資<br>*已有勞保只能選 2. | 1.月投保薪資 x (0.775%) x 年資+3,000<br>2.月投保薪資 x(1.55%)x 年資 | 1.依個人帳戶累積本息、利率、平均壽命換算年金金額<br>2.另投保超過平均餘命部分之年金保險。<br>*尚無延壽年金選擇 |
| 終身年金/確定年金 | 終身生存年金 | 終身生存年金 | 確定年金＋遞延年金 |

*基金運用皆由勞動部勞動基金運用局負責。

**中央主管機關：勞保與勞退為勞動部；

國民年金為衛生福利部。

# 第五節 年金保險與退休金規劃個案

## 一、勞工保險與國民年金退休金知多少

> 案例：近來媒體持續報導勞工保險可能破產與調高保費，不禁讓小莉滿腹擔心！依照目前的勞工保險與國民年金保險的規範，小莉每月可以領取多少金額的老年年金？勞工保險與國民年金保險的老年給付可以同時領取嗎？還有最近小莉考慮要轉換工作，請問離職後過去年資是否能夠接續？還是全部歸零？

　　退休金入不敷出，是各國政府都需要面對的問題，也是人口高齡化與少子化下必須面對的重大挑戰。所幸的是，**政府不再抱持鴕鳥心態，而採取積極處理的態度**，可預見勞工保險老年給付的虧損缺口，長期可以逐步處理與調整，因此小莉其實不必過度擔憂。

　　依照目前的勞工保險與國民年金保險的規範，勞工保險與國民年金保險制度已經走向年資持續累積且年資不中斷，因此小莉離職，不需要擔心勞工保險或國民年金保險年資歸零。另外，小莉符合老年年金請領資格時，勞工保險與國民年金保險的老年給付可以同時領取，所以小莉不必擔心失業期間參加國民年金保險，結果退休時無法領取老年年金。就小莉來說，

工作期間由公司協助投保勞工保險，失業期間則自行投保國民年金保險，才能享有更完整週全的保障喔！

　　小莉(47 年次)退休後每月可以領取多少老年年金呢？小莉預計 65 歲退休，預估勞工保險平均投保薪資為 37,000 元，累計勞工保險年資達 35 年。另外小莉 65 歲時，累積國民年金保險年資達 5 年，預估國民年金保險投保金額為 18,282 元。依照現行領取規定，我們可進一步幫小莉試算每月勞工保險與國民年金保險老年年金給付約 2.45 萬元。

| 項目 | 退休金金額公式 | 每月退休金金額 |
|---|---|---|
| 勞工保險每月退休金 | 37,000 x 1.55% x 35x1.16 | 23,284 |
| 國民年金保險每月退休金 | 18,282 x 1.3% x 5 | 1,188 |
| 小計 | | 24,472 |

　　最後，小莉只需要負擔 2 成的勞工保險保費、自行負擔 6 成的國民年金保險保險費，其餘部分由政府或企業雇主負擔。因此別忘了要準時繳納保費，把握時間累積年資，提早為自己的退休金作準備喔！另外，小莉可領取的每月退休金只有 2.45 萬元，明顯不足負擔小莉退休時的每月生活費用與醫療費用需要。因此

建議小莉可以利用年輕時透過定期定額方式，投保商業年金保險、投資共同基金或其他理財工具，逐步讓自己的退休金滾雪球般漲大，這樣才能夠擁有優質的退休生活喔！

📖 貼心小叮嚀：

1. 勞工保險與國民年金保險保險費，民眾只需要負擔 2 或 6 成保費，因此別忘了準時繳納保費，提早為自己的退休金作準備。

2. 壽險公司的利率變動型年金保險類似定期存款加上年金給付概念，變額年金保險類似共同基金加上年金給付概念，可考慮作為退休規劃工具。

3. 除了老年年金給付外，勞工保險還有遺屬年金、失能年金、失能給付、傷病給付、喪葬給付與生育給付等多元保障。國民年金保險還有生育給付、身心障礙年金與遺屬年金等保障。

4. 政府在 110 年 5 月針對職災保險給付已訂定專法：<u>勞工職業災害保險及保護法</u>。

老年經濟安全與理財規劃

## 二、退休規劃與退休金缺口計算範例

案例：鄰居老友退休金不足，退休後每天還要去餐廳工作，讓劉媽媽開始擔心自己的退休生活！劉媽媽 47 年次，現服務於民營企業。65 歲退休時，勞保年資已經有 30 年，國保年資 3 年。劉媽媽勞工退休金選擇新制，預估 65 歲時，個人帳戶餘額達 350 萬。預估退休後每月需要 5 萬元的生活費，請問劉媽媽退休時將有多少每月退休金缺口？

　　人口高齡化與少子化趨勢下，退休民眾想要仰賴兒女扶養其實蠻困難的。物價漲、薪水有限、開銷高且工時長，已經讓年輕人負擔很重。即將退休父母要提早規劃自己的退休金，才能獲得優質愉快的退休生活。

　　如何作退休規劃呢？簡單來說可分出四個步驟：
### (1)檢視與建構基礎保障與日常開支
　　規劃退休理財前，必須先檢視與建構自身或家庭的日常開支與基礎保障規劃。務必預留資金作為日常家庭基本開銷，諸如：日常食衣住行費用、子女教育費用與保費支出等項目。
### (2)訂立與預估個人退休需求目標
　　預估自己預計的退休年齡、預估的投保薪資與預估每月所需退休所得金額。劉媽媽預估 66 歲退休、預

估退休前薪資約 71,500 元,預估自己退休時約需要每月 50,000 元的生活費,退休所得替代率約七成。

**(3)計算出可領取或已投資的退休金**

　　劉媽媽,勞工保險平均投保薪資為 45,800 元,預計勞工保險年資達 30 年。我們可進一步幫劉媽媽試算,每月可領取勞保年金金額約 24,700 元,再加上國民年金保險與勞工退休金月領年金,合計每月可領 40,822 元。

**(4)計算出預估的每月退休金缺口**

| 項目 | 退休金金額 | 月退休金 |
|---|---|---|
| 期望的每月退休金 | 70%替代率 | 50,000 |
| 勞工保險每月退休金 (延後到 65 歲退休—增額年金) | 45,800 x 1.55% x 30 x 1.16 平均投保薪資 x 給付率 x 年資 x (1+ (4% x 4)) | 24,705 |
| 國民年金保險每月退休金 | (18,282 x 1.3% x 3) 平均投保金額 x 給付率 x 年資 | 713 |
| 每月勞退金可領取金額 | 350 萬* | 15,404 |
| **每月退休金缺口** | | **9,178** |

*上表勞退個人帳戶餘額 350 萬轉換為月領年金，假設躉繳延壽年金保費為 0 萬、平均餘命為 86 歲，尚有 21 年期間計算，利率 1%。

　　退休金規劃商品多元且繁複，不知如何切入？建議劉媽媽採定期定額投資基金方式，每月投資 1 萬元，以彌補未來每月退休金缺口 9,200 元。

> 🖉 　小叮嚀：
> 1. 父母長輩提早規劃自己的退休金，才能獲得優質的退休生活。
> 2. 提早透過定期定額或定期繳納保費方式規劃退休金，並留意風險分散與定期資產配置比率，很容易就滿足退休需求喔！
> 3. 民眾可考慮以外幣利率變動型年金、外幣變額年金保險或共同基金投資等方式累積退休金，但可別忘了匯率風險喔！

三、退休規劃與退休金缺口計算範例

案例：小莉(47 年次)，31 歲進入一家外商公司上班，平均月薪為$60,000 元。面對退休後無家庭的支柱，她應準備多少金額才能享有其無憂無慮的退休生活呢？

- 預估 61 歲時勞退個人帳戶餘額 300 萬。
- 她希望 61 歲退休，並能保有至少 75%的退休前薪資水準的生活，並預計其壽命為 86 歲。
- 小莉目前已有投資基金約 80 萬，預估 61 歲時可累積為 145 萬。
- 請問每月需要儲蓄或投資多少錢？(3%計算)

**一、計算退休時可從政府與企業雇主領取退休金：**

1.勞保(一次或年金給付)

(1)退休時勞保年資 30 年，可領老年給付 45 基數。

(2)勞保平均投保薪資 45,800 元，預估可領勞保老年給付總額 206.1 萬元。

(3)勞保年金預估金額= 45,800 x 30 x 1.55%=21,297

(4)如何選擇？平均餘命長，選擇年金較划算，假設選擇老年年金每月可領取 21,297 元。

2.勞工退休金個人帳戶

(1)預估 61 歲累積帳戶餘額：300 萬。

(2)轉化為月領年金：年金現值(月年金 25 年，3%)

　　月領年金現值=14,226 元

3.假設無國民年金保險年資。

## 二、額外自行儲蓄金額

1. 目前已有投資基金約 80 萬，預估 61 歲時可累積為 145 萬。

2. 轉化為月領年金：透過財務計算機求解後，可算出預估退休後每月可領 6,876 元。

## 三、退休時之生活費用總需求

1.小莉 61 歲退休時，預估其薪資將會調高為年薪 140 萬

(1)以現在月薪 $60,000 元，年薪 $900,000 元(3 個月獎金)，每年薪資以 3%複利成長，期間 15 年。

(2)$900,000 \times 1.03^{15} = 140$ 萬。

2.替代率 75%之退休前薪資水準：

(1)每年生活費用為 105 萬元 $(140 \times 75\% = 105$ 萬)

(2)平均每月生活費用需求=87,500 元

## 四、退休金缺口與平均儲蓄投資金額

1. 每月退休金缺口 = 87,500 - 42,399 = 45,101 元

2. 每月退休金缺口之年金現值(25 年，3%) = 951 萬

3. 小莉 61 歲退休時，需要準備約 951 萬，

    61 歲~86 歲才能每月有 4.51 萬元的退休收入。

4. 假設小莉現在 46 歲，小莉 46~61 歲 15 年期間，每月
    需投資多少錢，61 歲時才能有 951 萬元的退休金呢？

    ● 只需要透過計算機或將一次退休金總額(終值)
       除上年金終值因子(考慮利率3%與期數180月)，
       就可以算出每月投資金額。

    ● 每月需投資金額約為 4.2 萬元。

---

✎ 小叮嚀：

● 平均餘命長，選擇勞保年金較划算！

● 提早透過定期定額或定期繳納保費方式規劃
   退休金，並留意風險分散與定期資產配置比
   率，很容易就滿足退休需求喔！

● 退休規劃工具：除年金保險外，還有以房養
   老、基金、安養信託、股票、不動產、ETF 等
   各項工具，可隨民眾需求自行配置規劃。

老年經濟安全與理財規劃

## 四、勞保年金以外的另一份勞工退休金！

與小莉聚餐時，她問到前一份工作的年資或退休金會歸零嗎？先前服務的公司幫小莉提撥多少退休金了？如何查詢？幾歲才可以領取勞工退休金？預估每月可以領多少錢呢？讓我們一起了解一下勞保年金以外的另一份勞工退休金。

勞工除了每個月領薪水、扣繳勞保、健保與就業保險保費、過年前領取年終獎金外，其實雇主每個月還需要遵循「勞工退休金條例」，依據勞工薪資提撥6%到勞工的個人退休金專戶。

雇主每月將勞工退休金提撥金額繳納至勞保局的退休金專戶後，由勞動基金運用局負責投資運用或委外投資運用。政府保證最低報酬率為二年定期存款利率，110年二年定期存款利率約為0.98%。如果勞工退休金的投資報酬率低於二年定期存款利率時，其差額由國庫補足。

勞工如果轉換工作，先前服務公司為勞工所提撥的退休金與利息，仍然繼續在勞工的帳戶內繼續累積，並不會歸零；而且年資也可以持續累積，不會因為轉換工作而年資中斷。還有，勞工也可以每月自願性的

從薪資中扣除 0~6%的提撥金額；該金額可以不列入當年度個人綜合所得總額；因此自願提撥的金額，隔年 5 月不需要納入薪資所得繳納個人綜合所得稅。

被保險人年齡達 60 歲，就可以領取退休金了。絕大部分的勞工，年資合計都超過 15 年，因此 60 歲時可請領年金(月退休金)，也可以選擇一次領取退休金。如果年資合計未滿 15 年，勞工退休金就只能一次給付，不能年金領取。

還有，勞工退休金與勞工保險老年年金不一樣，勞工退休金並沒有明確的退休金領取公式，勞工退休時可以領取的退休金金額主要看勞工從年輕到退休的各月工資高低、投資報酬率、性別、勞工預計存活年數、提撥年數與是否自願提撥而定。

如何查詢個人投保紀錄與投保金額、勞退個人帳戶累積金額？勞保局網站資訊豐富而有 e 化便利性高，可以搜尋勞保局網頁後，選擇「e 化服務系統」，透過**自然人憑證或健保卡加戶號**即可查詢投保紀錄與帳戶金額。

勞動部勞工保險局
BUREAU OF LABOR INSURANCE, MINISTRY OF LABOR

e化服務系統

個人網路申報及查詢作業 登入

| 自然人憑證 | 健保卡+戶號 |

▶ 自然人憑證

請放入自然人憑證IC卡，並輸入下列欄位：

自然人憑證IC卡密碼(pin碼)：＿＿＿＿＿＿

身分證號：＿＿＿＿＿＿

出生日期：民國▼ ＿＿＿＿＿
(如：民國60年1月1日，請輸入0600101)

[登入]　[清除]

注意事項：
自然人IC卡PIN碼(既密碼)輸入三次以上錯誤，即造成IC
卡鎖卡，請至內政部憑證管理中心\『憑證作業』\『鎖卡
解碼』重新設定新的PIN碼。

---

✎ 小叮嚀：

📖 勞工退休金提撥之薪資金額，通常不包含三節獎金、差旅費與交際費等項目。

📖 勞工可以額外自願提撥退休金，該金額可以不列入當年度個人綜合所得課稅。

📖 勞工 60 歲退休時，可以領取的年金金額主要看勞工從年輕到退休的工資高低、投資報酬率、性別、預計存活年數、提撥年數與是否自願提撥而定。

● 雇主或 SOHO 族、攤販、計程車司機等自營工作者，雖然無法享有每月公司勞退金的提撥福利，但可以透過自願提撥方式，自行參與勞工退休金提撥。

五、領取勞保老年年金後仍應留意的權益

案例：小莉已經在 110 年領取了勞保年金，每月領取 2 萬元的勞保年金，歡度退休生活過了 5 年卻因罹患癌症身故。請問她的配偶及子女可以領取什麼給付，請列舉摘要說明？

　　家屬可以有二項選擇，摘列如下：

(一)選擇一：勞工被保險人已領取老年年金，符合資格的遺屬可領取遺屬年金給付，領取金額為原領老年年金金額的一半。就小莉的個案來說，遺屬可以每月領取約 1 萬元，領取至子女成年或配偶離世。

(二)選擇二：一次請領老年給付扣除已領年金給付總額之差額。依據小莉年資與平均投保薪資計算，小莉請領一次老年給付金額為 171.9 萬元。扣除小莉已領取年金 120 萬元，還可以領取 51.9 萬元。
　　*平均投保薪資 38,200，可領月數 45 個月，
　　　38,200x45=1,719,000

(三)若家屬決定以遺屬年金方式領取，需要準備那些文件？

　1.遺屬年金給付申請書及給付收據

　2.死亡證明書或檢察官相驗屍體證明書

　3.載有死亡登記日期之戶口名簿影本

　4.各符合請領資格遺屬之戶口名簿影本

　5.以「在學」、「無謀生能力」與「受被保險人扶養」資格申請者，並需檢附其他證明文件

(四) 領取勞工退休金：另外家屬也需一步確認勞工退休金是否已領取，如果尚未領取，也可由遺屬一次領取。

## 六、家庭主婦的退休金與基本保障~國民年金保險

案例：小莉為了照顧小孩，放棄工作、專心操持家務與教養子女。最近收到了國民年金保險繳費單，請問她要繳費嗎？有那些年金給付可以領取呢？

　　政府舉辦的國民年金保險，其實是專屬於家庭主婦等族群的社會保險。國民年金保險包含那些給付？除了擁有老年年金給付外，還有生育、重度以上身心障礙、喪葬津貼與遺屬年金等給付；然而老年年金、身心障礙年金與遺屬年金只能擇一領取。

　　另外領取老年年金或身心障礙年金後身故，符合資格的遺屬還可以領取遺屬年金，領取金額是原來領取的老年年金或身心障礙年金的一半而且每月領取金額至少 3,772 元。以小莉為例，小莉投保國民年金保險，假設年資為 10 年，在加保期間可能享有以下部分項目的保險保障：

| 項目 | 領取標準 | 領取金額 |
|---|---|---|
| 1. **老年年金給付\*** <br> **(65歲領取)** | ● A式：月投保金額 x (0.65%) x 年資+3,772 <br> ● B式：月投保金額 x (1.3%)x 年資 | 每月可領取 4,960元 <br><br> (若同時可領取勞保老年給付，不可選擇 A 式) |
| 2. **身心障礙年金** | ● 月投保金額 x (1.3%)x 年資 <br> ● 最低領取金額為 5,065 元 | 每月可領取 5,065元 |
| 3. **遺屬年金** | ● 月投保金額 x (1.3%)x 年資 <br> ● 最低領取金額為 3,772 元 <br> ● 假設遺有符合資格的配偶與子女，共 3 人。 | 每月可領取 5,658元 <br><br> 3,772 x 1.5 =5,658 <br><br> (領到子女成年) |

\*老年年金、身心障礙年金與遺屬年金只能擇一領取。

勞工保險老年給付與國民年金保險老年年金給付可以同時領取，不必擔心領不到。但是需要留意只能依照月投保金額 x (1.3%)x 年資計算月退休金，沒有保證最低 3,772 元的月退休金。最後提醒一下，國民年金保險的保費繳納與申請給付的承辦單位，與勞工保險相同，都是勞工保險局喔！

# 勞 工 保 險 投 保 申 請 書
## 全民健康保險第一、二、三類投保單位成立申報表
## 勞 工 退 休 金 提 繳 單 位 申 請 書

表　號：承表A

| 單 位 名 稱 | OO股份有限公司 | | | | | | | | | 是否為公營事業 | 是☐　否☑ | |

| 單位登記地址 | OO 縣 市區（市）鄉鎮 | 郵遞區號 0 0 3 2 0 | 村 里 | 鄰 | OO 路 街 | OO 段 | 巷 | 弄 | OO 號 | 樓 | 室 |

| 單位通訊地址 | OO 縣 市區（市）鄉鎮 | 郵遞區號 0 0 3 2 0 | 村 里 | 鄰 | OO 路 街 | OO 段 | 巷 | 弄 | OO 號 | 樓 | 室 |

| 負責人姓名 | 甄福氣 | 身分證統一編號 | A 1 0 0 1 0 0 1 0 1 | 出生年月日 | 40.05.25 | 單位聯絡電話 | 03-4339222 |
| | | | | | | 負責人行動電話 | 09xx-xxxxxx |

| 負責人戶籍地址 | OO 縣 市區（市）鄉鎮 | OO | 村 里 | 鄰 | OO 路 街 | OO 段 | 巷 | 弄 | OO 號 | 樓 | 室 |

| 主要經營業務 | 書籍、文具零售 | 主要產品或出售貨品 | 書籍 | ※勞工退休金雇主提繳率 | 6 ％ |

| 單位統一編號或非營利加繳編號（健保必填） | 12739329 | 電子郵件信箱 | 12654@mail.nhk.hinet.net | 傳真機號碼 | 03-4382222 |

依照勞工保險條例及其施行細則暨全民健康保險法及其施行細則之規定，對所僱全體員工（或所屬會員）及其眷屬申請參加勞工保險及全民健康保險，並依照勞工退休金條例及其施行細則暨外國專業人才延攬及僱用法規定，對所僱適用勞動基準法之勞工（含本國籍、外籍配偶、陸港澳地區配偶、取得永久居留之外國專業人才）申請提繳勞工退休金，茲檢送應附表表及有關證件影本，請查照辦理為荷。

　　此　致
　勞 動 部 勞 工 保 險 局
　衛生福利部中央健康保險署
　　　　　　　單位名稱：OO股份有限公司
　　　　　　　負責人姓名：甄福氣
　　　　中 華 民 國　　107 年 2 月 8 日

用印單位印章

用印負責人印章

填表範例

## 以下欄位由勞保局、健保署填用

| 勞工保險證號 | | | | | | 全民健康單位代號 | | | | | | | |
| 地　　區 | | | | | | 健保署分區業務組 | | | | | | 業務組 |
| 積欠工資墊償單位 | | | | | | 申 報 日 期 | 民國　　　年　　月　　日　申報 | | | | | |
| 業別 | | 屬性 | | 性質 | | 保 險 始 期 | 民國　　　年　　月　　日 | | | | | |
| 受　理 | 鍵　錄 | 校　對 | 複　核 | 決　行 | | 勞保局、健保署收件章 | | | | | | |
| | | | | | | | | | | | | |

1. 勞工保險單位新成立之保險效力自表件送達或郵寄當日起算；健保單位新成立之生效日係自成立日或成立日成登記日起算。
　（其餘辦理投保單位新成立亦請詳閱書面說明）
2. 本表請填寫一式 2 份（證明文件亦請附 1 份），一併寄送健保署（臺北業務組轄區則請寄勞保局），每份均需加蓋單位及負責人印章，並請自行影印 1 份留存備查。
※不適用勞動基準法之單位，且無適用勞動基準法之勞工，勞保局則不予計收勞工退休金，雇主提繳率欄位不必填寫。

# 第六章 勞工老年經濟安全制度要點與個案

## 勞工保險老年給付申請書及給付收據

| 受理編號 | 號 | 填表日期 106 年 10 月 20 日 | （填表前請詳閱背面說明） |

**被保險人**

| 姓名 | 陳天明 | 出生日期 | 民國 41 年 8 月 10 日 | 身分證統一編號 | A 1 2 3 4 5 6 7 8 9 |

**通訊地址**

郵遞區號：□1□0□0－1□3

電話：(02) 12345678
行動電話：0912345678

前述地址為：(請勾選)
☑戶籍地址
□現住址

台北 縣/市 中正 鄉鎮/市區 村/里 羅斯福 路/街 1 段 弄 4 號 1 樓
（受益人申請時，通訊地址欄請填寫受益人資料）

| 離職退保日期 （應暫實填具其從事工作最後一天） | 本人確於 106 年 6 月 15 日離職退保 |

**申請給付項目**

※老年年金、老年一次金之請領年齡自民國107年起逐步提高（請詳參背面說明）。
※請領前請先至勞保局各地辦事處或網路查詢老年給付金額（請勿逕逐參背面說明四點（三）點），經審慎考慮後再勾選一句選下列選項，如有更改請於更改處簽章（須與本申請書簽章相符）。
※依照勞工保險條例第58條第2項規定，繼續保險至符合，不得再變更。

1. ☑ 按月領取老年年金給付（含展延老年年金給付）
2. □ 按月領取減給老年年金給付
3. □ 一次給付（老年一次金給付或一次請領老年給付）

| 申請老年給付金額 |
| 元 |
| （如無法核算，可不必填寫） |

**給付方式（涂請擇一句選）**

‥‥‥‥‥ 請將申請人之存簿封面影本浮貼於背面 ‥‥‥‥‥

一、金融機構（不含郵局）及分支機構名稱請完整填寫，存簿之總代號及帳號，請分別由左至右填寫完整，位數不足者，不須補零。
二、郵政存簿儲金局號及帳號（均含檢號）不足七位者，請左進補零。
三、所檢附金融機構或郵局之存簿封面影本應可清晰辨識，帳戶名稱與勞保局加保資料相符，以免無法入帳。

1、☑ 匯入申請人在金融機構之存簿帳戶：彰化 銀行 仁愛 分行

| 總代號 | 帳號 金融機構存款帳號（分行別、科目、編號、檢查號碼） |
| 0 0 9 | 4 1 1 5 0 0 0 1 1 2 2 3 3 0 |

2、□ 匯入申請人在郵局之存簿帳戶：局號 □□□□□□ 帳號 □□□□□□□－□

以上各欄均據實填寫且已確定選擇上開勾選之申請給付項目，並暸解老年給付離職退保後不得再變更之規定，日後亦不得以未離職為由要求退回已領給付。若有溢領之保險給付，同意貴局可逕自本人得領取之保險給付中扣除繳還。

被保險人（或受益人）簽名或蓋章：　　**陳天明**

（詳實資料本人正楷親簽，如為受監護宣告者，應由法定代理人副署蓋章）

※ 申請一次給付者，逾60歲以後之保險年資，最多以5年計。
※ 未於國內設有戶籍者，應檢附身分證明相關文件。
※ 請領失業給付期間又領取老年給付者，不再核給失業給付。

**投保單位證明欄**

上列各項經查明屬實，特此證明。（被保險人已離職且退保者，本欄得免予蓋章）

| 勞工保險證號：01234567A | 單位名稱：大旺股份有限公司 | 限股大公份司有旺 （單位印章） |
| 負責人：王英才 | 經辦人：李惠美 | |
| 電 話：(02)12245688 | 地 址：台北市北投區大業路1-1號 | |

※符合請領老年年金給付條件者，年金給付自申請之當月起，按月發給，並於次月底匯至您指定的金融機構帳戶。申請之當月以原寄郵局郵戳或送交勞保局及各辦事處之日為準。
※申請手續請洽投保單位辦理，免費方式辦理，無須委由他人代辦，各項欄位請據實填寫，如有偽造、詐欺等不法行為者，將移送司法機關辦理。如有疑義請洽本局（電話：02-23961266 轉分機 2262）。
※郵寄或送件地址：10013 台北市中正區羅斯福路1段4號「勞動部勞工保險局」收。

106.11

206

## 老年經濟安全與理財規劃

**同時請領** 勞工保險／國民年金保險 **老年年金給付申請書及給付收據**

| 受理編號 | | 號 | 填表日期 年 月 日 | （填表前請詳閱背面說明） |
|---|---|---|---|---|

| 被保險人申請金額 | 姓名 | 陳天明 | 出生日期 | 民國 40 年 5 月 30 日 | 身分證統一編號 | A123456789 |
|---|---|---|---|---|---|---|

被
保
險
人
申
請
金
額

通訊地址：郵遞區號 100 － 13　電話：(02) 12345678　行動電話：0912345678

前述地址為：（擇勾選）
☐ 戶籍地址　☑ 現住址

台北 縣市　中正 鄉鎮市區　村里　羅斯福 街路 1 段 巷 弄 4 號 5 樓

※請詳實填寫：
本人年滿 65 歲，勞工保險確於 **105** 年 5 月 **31** 日離職退保。

| 勞工保險老年年金給付（依勞保年資計算） | 元（如無法核算，可不必填寫） | 國民年金保險老年年金給付（依國保年資計算） | 元（如無法核算，可不必填寫） |
|---|---|---|---|

匯入帳戶（※請擇一勾選）

······ 請將申請人之存簿封面影本浮貼於背面 ······

※一、金融機構（不含郵局）及分支機構名稱請填寫完整與存簿之總代號、分支代號及帳號，請分別由左至右填寫完整，位數不足者不須補寫。
二、郵政存簿儲金局帳號及帳號（均含檢號）不尾七位者，請左往遠補寫。
三、所檢附存金融機構或存簿封面影本應予以清晰辨識，以免無法入帳。

1、☑匯入申請人在金融機構之存簿帳戶：　彰化　銀行　台北　分行

| 總代號 | 分支代號 | 帳盟 | 金融機構存款帳號（分行別、科目、編號、檢查號碼） |
|---|---|---|---|
| 0 0 9 | 1 2 3 4 | | 1 2 3 4 0 0 0 0 0 0 0 0 0 0 |

2、☐匯入申請人在郵局之存簿帳戶：　局號 □□□□□□□ － 帳號 □□□□□□ － □

以上各欄均據實填寫，為審核給付需要，同意貴局可逕向衛生福利部中央健康保險署或其他有關機關團體調閱相關資料。如有兩未達繳費期限之應繳納國民年金保險費時，得由本人請領之國民年金保險老年年金給付中扣抵。又各該保險如有溢領之保險給付，亦同意貴局可逕自本人應領取之保險給付中扣抵催繳。

被保險人簽名或蓋章：　陳天明　　（詳閱資料後本人正楷親簽）　[印章：陳天明]

※ 未於國內設有戶籍者，應檢附經勞工保險條例施行細則第 54 條第 1 項所列單位驗證之身分或居住相關證明文件，並應每年重新檢送本局查核。
※ 請領失業給付期間又領取勞工保險老年給付者，不再核給失業給付。

勞工保險單位證明欄

上列各項經查明屬實，特此證明。（被保險人已離職且退保者，本欄撤予免予蓋章）

| 勞工保險證號： | 01234567A | 單位名稱： | 大旺股份有限公司 |
|---|---|---|---|
| 負責人： | 王英才 [印] | 經辦人： | 李惠美 [印] |
| 電　話： | (02)123456789 | 地　址： | 台北市北投區大業路 1-1 號 |

[單位印章：大旺股份有限公司]

（單位印章）

※請據實填寫上送各項，如有疑義，請電洽勞動部勞工保險局普通事故給付組老年給付科，電話（02）23961266 轉分機 2262；或國民年金組給付一科，電話（02）23961266 轉分機 6011；或各地辦事處詢問。
※申請手續完成後，如經審查符合請領資格，本局將會自申請之次月底起按月將您的老年年金匯至您指定的金融機構帳戶。
※郵寄載送件地址：10013 台北市中正區羅斯福路 1 段 4 號「勞動部勞工保險局」收。　105.6

---

[iii]廖勇誠(101)，個人年金保險商品實務與研究
[iv]國民年金被保險人在保險有效期間發生保險事故時，分別給與老年年金給付、生育給付、身心障礙年金給付、喪葬給付及遺屬年金給付。同一分娩或早產事故同時符合國民年金保險與相關社會保險生育給付或補助條件者，僅得擇一請領。被保險人經診斷為

重度以上身心障礙且經評估無工作能力者，如同時符合相關社會保險請領規定，僅得擇一請領。

[v]勞工未滿六十歲，有下列情形之一，其工作年資滿十五年以上者，得請領月退休金或一次退休金。但工作年資未滿十五年者，應請領一次退休金：

一、領取勞工保險條例所定之失能年金給付或失能等級三等以上之一次失能給付。

二、領取國民年金法所定之身心障礙年金給付或身心障礙基本保證年金給付。

三、非屬前二款之被保險人，符合得請領第一款失能年金給付或一次失能給付之失能種類、狀態及等級，或前款身心障礙年金給付或身心障礙基本保證年金給付之障礙種類、項目及狀態。

[vi]勞工開始請領月退休金時，應一次提繳一定金額，投保年金保險，作為超過平均餘命後之年金給付之用。

[vii]事業單位僱用勞工人數二百人以上，經工會同意，或無工會者，經勞資會議同意後，得為以書面選擇投保年金保險之勞工，投保符合保險法規定之年金保險。

# 第七章 個人年金、健保與長照保險要點與個案

## 第一節 個人年金保險與退休理財要點

## 第二節 健康保險與長期照顧保險要點

## 第三節 全民健保、長照2.0與全民長照保險

## 第四節 年金保險與健康保險個案

## 第五節 模擬考題

# 第七章　個人年金、健保與長照保險要點與個案

## 第一節　個人年金保險與退休理財要點

一、個人商業年金保險商品要點

保險法第 135 條-1 規定：「年金保險人於被保險人生存期間或特定期間內，依照契約負一次或分期給付一定金額之責。」可知年金保險的定義，應以生存與否的保險事故，作為年金給付與否的標準，概念上年金保險可說是透過保險契約的方式提供客戶生存期間年金給付的商品[viii]。個人年金保險的分類，可以簡述如下：

**1.　依照年金給付始期分類**

年金保險依照年金給付始期分類，可分為即期年金保險與遞延年金保險。

(1)即期年金保險

即期年金保險為躉繳保費年金商品，保戶投保後當年年底或下一期就可以定期領取年金給付，非常適合屆臨退休年齡客戶或已累積足夠退休金的客戶投保。

(2)遞延年金保險

遞延年金保險的契約期間可區分為累積期間(遞延期間)與年金給付期間。保戶繳納保費後，年金

保單的保單價值準備金將依據商品預定利率、宣
告利率或基金淨值累積。等到年金化後進入年金
給付期間,年金被保險人生存,被保險人就可以
定期領取終身生存年金給付,可以提供保戶活的
愈久,領的越多的退休生活保障。

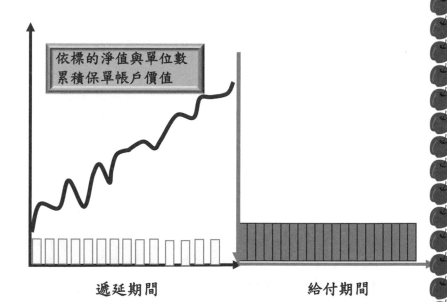

圖 7-1 變額遞延年金保險圖示

**2. 依商品種類或給付單位為定額或變額分類**

　　年金保險依照商品種類或累積方式為定額或變額分類，可以概分為傳統型年金保險、利率變動型年金保險與變額年金保險。傳統型年金保險，預定利率維持不變，並由壽險公司承擔長期利率風險。利率變動型年金之宣告利率隨市場狀況機動調整。變額年金之投資報酬率繫於實際投資績效，保戶必須自行承擔投資風險；三者明顯不同。

　　相較之下，利率變動型年金保險與變額年金保險屬於新型態的年金保險商品，金融理財功能較強。利率變動型年金商品，其概念類似一年定期存款或定期儲蓄存款加上終身生存年金保險。變額年金保險商品，其概念類似共同基金等投資標的加上終身生存年金保險。列舉說明如下：

(1)**傳統型(遞延)年金保險**：壽險公司將要保人繳交的保險費扣除費用後，依預定利率等變數精算年金保單價值準備金；遞延期滿再依年金保單價值準備金計算年金金額並給付年金。

(2)**利率變動型(遞延)年金保險**：壽險公司將要保人繳交的保險費扣除費用後，依宣告利率累積年金保單價值準備金；遞延期滿再依年金保單價值準備金計算年金金額並給付年金。

老年經濟安全與理財規劃

(3)**變額(遞延)年金保險**：壽險公司將要保人繳交的
保險費扣除費用後，投入要保人選擇的投資標的，
並依據標的淨值與單位數累積保單帳戶價值；遞
延期滿再依保單帳戶價值計算年金金額並給付
年金。

表 7-1　變額年金與利率變動型年金主要特質比較

| 商品別 | 變額遞延年金 | 利率變動型遞延年金 |
|---|---|---|
| 商 品<br>概 念 | 共同基金等標的<br>＋年金給付 | 定存＋年金給付 |
| 保單帳<br>戶價值<br>或保價<br>金累積 | ● 依照基金淨值<br>　與單位數，累積<br>　保單帳戶價值<br>● 投資風險由客<br>　戶承擔 | ● 依照宣告利率累積<br>● 宣告利率並非保證 |
| 保 費<br>繳 納 | 彈性保費、定期繳<br>納保費、薑繳 | 彈性保費、定期繳納<br>保費、薑繳 |
| 費 用<br>揭 露 | 費用明確揭露 | 費用明確揭露 |
| 其他 | 多元化投資標的<br>選擇、免費基金移<br>轉、生存年金給付 | 費用低、IRR 高於定<br>存、生存年金給付 |

二、投保個人利率變動型年金注意事項與建議[ix]

　　年金保險雖具儲蓄功能以及活得愈久、領得愈多的生存保障，但是投保時需要留意可能的商品風險。首先，依據台灣的利率變動型遞延年金保險示範條款及商品規範，若選擇領取年金給付，客戶需在 70 歲之前作選擇，否則就以 70 歲為進入年金給付期的時間。如果民眾忘了選擇，卻又無法接受年金給付期間無法保證領回所繳保費、無法辦理解約或借款，此時如何保障民眾權益？建議保戶定期檢視自己的年金保單是否填寫年金給付日期或是否選擇一次給付。

　　現行台灣的遞延年金保險的商品條款最遲 86 歲就需要進入年金給付期。從美國與香港地區特定商品調查發現，商品可販售至 85 歲，並在遞延期間若干年後再進入年金給付期；進入給付期的時間較有彈性。

　　其次，擁有最低保證期間或最低保證金額的商品條款，是否就能讓選擇年金給付的消費者比較划算？不是。因為就消費者角度來說，消費者將就所繳保費或已累積的保單價值準備金金額，相對於可領取的累積年金給付金額去進行比較，保證期間保證領取金額不一定會較高，因此消費者投保時或進入年金給付期前務必特別留意，以免事後才知道但已經進入年金給

付期而無法更改選擇一次給付或辦理解約，因而影響
消費者自身權益。

　　第三，依據台灣利率變動型遞延年金商品條款與
規範，遞延期間若辦理全部解約或部分解約提領，主
管機關也規定在前六個保單年度內，都須扣收解約費
用，費用比率至少 1%。但美國及香港地區許多年金
商品都提供一定比率的免解約費用的免費提領金額，
諸如：10%的年金保單價值準備金額度，以滿足民眾
就醫門診或其他生活支出需求，頗值得我們參考。

　　最後，進入年金給付期後，即使在保證金額或保
證期間內，依據保險法 135 條-4 或年金保險商品規範
與條款，保戶皆無法辦理部分解約提領、全部解約或
保單借款。但從香港地區的年金保險商品來看，進入
年金給付期間，若在保證金額額度內，保戶可以辦理
部分提領或解約，值得我們參考。

三、團體年金保險與賦益權

　　金融監督管理委員會於 104 年發佈的團體年金保
單示範條款中，採納美國 401(K)退休金計畫的「賦益
權」(Vesting plan)設計，企業員工只要服務滿一定年
資，便可獲得部分或全部公司提撥的保單帳戶價值，

以補強其退休準備，更可作為企業留住好人才或招募時的重要福利。

　　「賦益權」指公司以費用定期為員工提撥退休金，員工只要服務年資超過規定年資，便可取得保單帳戶價值。若員工留任愈久，帳戶分得的比例也愈高，服務到約定期滿所累積的帳戶價值全歸員工所有。企業雇主為要保單位，員工為被保險人，保險期間內員工異動不會影響整體保單及其他被保險人權益。

表 7-2    退休規劃與壽險、年金規劃範例

| 年齡級距 | 退休與壽險、年金規劃 | 資產配置比率 |
|---|---|---|
| 20~39 歲 | ● 規劃基本壽險、醫療與傷害險保障 | 60% |
| | ● 小額儲蓄：利率變動型遞延年金 | 20% |
| | ● 小額投資：變額年金保險 | 20% |
| 40-59 歲 | ● 加強壽險與醫療保障 | 35% |
| | ● 儲蓄：利率變動型遞延年金 | 30% |
| | ● 投資：變額年金保險 | 35% |
| 60 歲及以上 | ● 退休收入：即期年金、配息標的 | 40% |
| | ● 儲蓄：累積期間短的利率變動型遞延年金 | 30% |
| | ● 投資：累積期間短的變額遞延年金 | 30% |

四、人壽保險給付選擇權

　　壽險商品的保險給付除了一次給付以外，許多商品還有以下各種的多次給付選擇權，保戶可透過化整為零模式，將一次性壽險給付改變成年金給付。

1. **定期給付選擇**：依分期定期保險金給付期間及預定利率將指定保險金換算成各期期初或期末應給付之金額，按約定將每期分期定期保險金給付予受益人。例如：給付期間為 25 年，每期 5 萬元。

2. **定額給付選擇**：依約定將各期期初或期末之分期定額保險金給付予受益人。壽險公司將給付至尚未領取的分期定額保險金及利息給付完畢為止。例如：給付金額為每月 6 萬，共給付 21 期。

3. **年金保險給付選擇**：提供終身生存年金、N 年保證終身年金、退費式終身年金、利率變動型年金或變額年金保險等年金給付選擇。例如：保證 15 年期間的終身年金給付，每月領取 1 萬元。

4. **儲存生息**：保險給付暫存於壽險公司，並依約定利率計息，受益人有資金需求時，可申請領取部分或全部金額。

## 第二節 健康保險與長期照顧保險要點

一、商業保險-長期照護保險[x]

　　政府實施長照 2.0 制度，以落實在地老化並提供民眾申請身體照顧服務、家事服務、安全看視服務、護理服務、生活自立或復健訓練服務、輔具服務、居家無障礙空間規劃或修繕服務、交通接送服務等等各項服務。但長照 2.0 僅是部分費用補貼架構，超額部分或自付額部分，仍需由自己或家人負擔；因此投保壽險公司的商業長期照顧保險有其必要性。

　　商業長期照顧保險主要承保經醫師診斷判定符合長期照護狀態時，壽險公司依約定金額給付長期照護給付之保險商品。長期照護狀態通常是指判定符合下列二種情形之一者：

1. **生理功能障礙：進食、移位、如廁、沐浴、平地移動與更衣障礙等六項**日常生活自理能力持續存在**三項以上**(含)之障礙。依據巴氏量表或臨床專業評量表評估。

2. **認知功能障礙**：被診斷確定為**失智狀態**並有分辨上的障礙，在意識清醒的情況下有時間、場所與人物分辨上之障礙，判定有三項分辨障礙中之二項(含)以上者。依據臨床失智量表或智能測驗評估達中度以上。

二、實物給付型保險商品

1. 實物給付型保險商品：保險契約中約定保險事故發生時，保險公司以提供約定的物品或服務履行保險給付責任的保險商品。

2. 可能的商品型態：

   (1)保險商品結合健康檢查服務及相關物品。

   (2)保險商品結合殯葬服務及相關物品。

   (3)保險商品結合長期照護服務及相關物品。

   (4)其他商品：結合醫療、護理或老人安養服務及物品。

三、具健康管理外溢效果的保險商品

　　在保險商品設計時結合客戶健康管理的機制，若客戶自主健康管理良好，則壽險公司給予保費調降或提供客戶額外給付或服務。健康管理的保險商品，可以設計成實物給付型態或非實物給付型態，例如：針對客戶定期健走或控制血糖得宜者，提供保費折減10%優惠及免費健康檢查。

四、其他健康保險商品

1. 終身醫療保險、日額型或實支實付保險、綜合醫療險、手術保險、癌症保險。

2. 防疫保單、疫苗保險、重大疾病保險、特定傷病保險、失能扶助險。

# 第三節 全民健保、長照 2.0 與全民長照保險

## 一、全民健保制度要點

### (一)全民健保的醫療服務項目

1.  醫療服務：門診、急診、住院、手術、治療處置與檢查等。

2.  藥事服務。

3.  預防保健服務。

4.  其他：特定居家照護服務、精神疾病社區復健等。

### (二)全民健保保費負擔

　　健保費包含一般保險費與補充保險費二項來源。如何精打細算投保全民健保？摘要列舉如下：

1.  眷屬人數加計本人後已達 4 人，這時候再加保父母或其他直系親屬，並不需要新增健保費用。

2.  **子女或父母應該透過薪資較低之直系親屬眷屬身份投保，保費較划算。**

3.  如果父母年滿 65 歲或 70 歲且年收入低或所得稅申報稅率低於 5%~10%(各縣市規範不同)，此時可以獲得市政府的健保費補助，每月健保費補助最高 826 元全額補助。

4.  已退休民眾或無一定雇主的民眾，可在當地區公所投保全民健保，每月自付保險費金額為 749 元 (110 年)。

**(三)全民健保之部分負擔及除外不保項目**

全民健保制度包含門診、住院及藥品等部分負擔項目。另外，摘列常見的全民健保除外不保事項：

1. **病房費差額。**
2. **成藥、醫師藥師藥劑生指示藥品。**
3. **指定醫師、特別護士及護理師。**
4. **病人交通費、掛號費、證明文件費。**
5. 管灌飲食以外之膳食。
6. 藥癮治療、美容外科手術、非外傷治療性齒列矯正、預防性手術、人工協助生殖技術、變性手術。
7. 人體試驗。
8. 日間住院。但精神病照護，不在此限。
9. 義齒、義眼、眼鏡、助聽器、輪椅、拐杖及其他非具積極治療性之裝具。
10. 其他由健保署擬訂，經健保會審議，報主管機關核定公告之診療服務及藥物。

**(四) 診斷關聯群 DRGs 個案：盲腸炎手術個案分享**

參考健保署網站 DRGs 資料並予以編撰歸納，盲腸炎手術區分為八個支付點數類別，合計為 100%。申請件數最高為佔率 46%的單純性闌尾切除術(有併發症)，健保署支付金額約 4.7~4.9 萬元，採定額給付中位數約為 48,400 元。

排名第二者為複雜診斷之闌尾切除術(有併發症)，件數佔率約 17%，支付金額約 6.5~6.7 萬元，採定額給付中位數約為 66,240 元。排名第三名為無併發症的單純性闌尾切除術，件數佔率為 15%，支付金額約 39,920 元。其餘病況之案件數佔率較低。詳細類別摘列如下：

1. 複雜診斷之腹腔鏡闌尾切除術：
   (1)有併發症：64,893~67,514 (個案佔率6%)
   (2)無併發症：51,275~53,346 (個案佔率2%)
2. 複雜診斷之闌尾切除術：
   (1)有併發症：64,925~67,548 (個案佔率17%)
   (2)無併發症：45,099~46,921 (個案佔率5%)
3. 單純性腹腔鏡闌尾切除術：
   (1)有併發症：52,816~54,949 (個案佔率7%)
   (2)無併發症：44,288~46,077 (個案佔率2%)
4. 單純性闌尾切除術：
   (1)有併發症：47,435~49,351(個案佔率46%)
   (2)無併發症：39,128~40,709(個案佔率15%)

## (五)健保署對於 DRGs 的配套措施[xi]

　　健保署為降低 DRGs 制度實施的負面衝擊，已設計的配套措施摘要列舉如下：

1. 部分重症疾病暫不納入 DRGs 適用範圍內：例如癌症、精神病患、血友病、愛滋病與罕見疾病，以及住院天數超過 30 天者、腎臟移植併發症及高危險姙娠個案，皆暫不納入 DRGs 適用範圍。

2. 同次住院期間之安胎費用不併入生產相關 DRGs 額度中：同次住院期間安胎及生產個案，其安胎期間可能很長，為免影響孕婦住院安胎之權益，同次住院期間之安胎費用不併入生產相關 DRGs 額度中。

3. 超過上限之醫療點數仍支付八成：如果實際醫療點數超過 DRGs 的上限臨界點，超過上限之醫療點數仍支付八成。特定疾病或重症(醫院無疏失)得採足額核銷模式。

4. 健保署監督與調整支付金額：健保署為保障民眾權益，避免醫療院所為減少醫療成本提前讓病患轉院或出院，對於提早轉院或自動出院個案，會依其住院日數及醫院提供的醫療服務是否合理，而有不同的支付。

5. 訂立監控指標：健保署持續監控相關指標，例如：出院後再回來急診比率與出院後重覆入院比率等，以觀察病人是否被迫提早出院。同時透過專業審查與監測民眾申訴案件等方式監管醫療院所。另外對於拒收病患情形嚴重者，健保署會依特約管理辦法處理，視違規情況予以記點處分。

另外，健保署也要求醫療院所不得以參考住院日數為由，要求每位同類病患在病情不穩定情況下提前出院。例如，簡單剖腹產平均住院天數為 5 天，簡單痔瘡結紮術平均住院天數為 3 天，但病人未能在預期內恢復，醫院不得要求病人出院或改付差額。

## DRGs 如何因應？

　　診斷關聯群制度實施，有效彌補全民健保的自付醫療費用缺口？考量住院天數減少但自付醫療費用仍高，這時候就需要依賴實支實付醫療保險有效補足缺口。實支實付醫療保險提供保戶因疾病或意外就醫，可以在限額內實報實銷申請理賠。

## 停看聽：

### DRGs 預計衝擊：

- 就醫住院天數逐漸減少

- 門診手術增加

- 疾病診療標準化

## 二、長照 2.0 要點介紹

### (一)長照 2.0 適用對象：

1. 65 歲以上獨居老人、衰弱老人

2. 50 歲以上失智者：表達能力降低、記憶力下降、睡眠障礙、產生幻覺等疑似失智症狀，或確診為失智症。

3. 失能者(不限年齡)：部分或全部失去生活自理能力，如行動不便、需要協助吃飯、上廁所、洗澡、平地走動不便和穿脫衣褲不便等個案。

### (二)長照 2.0 補助內容摘要

　　長照服務是有補助的。經過照顧管理專員評估後，會根據個案失能狀況及需求擬定照顧計畫及核定額度，再由個案管理員協助連結服務，提供合適的照顧服務。

📖 **長照服務專線：1966**

### 1.照顧及專業服務：每月補助金額：10,020~36,180 元

◇ 居家照顧：受過專業訓練的照顧服務員到家中照顧失能者，包含基本身體清潔、基本日常照顧、測量生命徵象、餵食、餐食照顧、協助沐浴及洗頭、陪同外出或就醫、到宅沐浴車服務等。

✧ 社區照顧：將失能者送到長照服務提供單位接受
服務，提供生活照顧、健康促進、文康休閒活動
等；提供單位包含：日間照顧中心、托顧家庭等。

✧ 專業服務：針對失能者的身心狀態及復能照護服
務，以及提供個人化的整體性照顧指導，讓被照
顧者可逐步恢復自立生活，減少家庭照顧者照顧
負荷。

✧ 一般戶部分負擔比率：16%。

## 2.交通接送服務：<u>每月補助金額：1,680~2,400 元</u>

✧ 協助失能者往返醫療院所就醫或復健。

✧ 一般戶部分負擔比率：21~30%。

## 3.輔具及居家無障礙環境改善服務：<u>每3年給付4萬</u>

✧ 居家生活輔具購置或租賃：例如助行器、拐杖、
輪椅、居家用照顧床、輪椅等。

✧ 居家無障礙設施改善：例如可動式扶手、固定式
斜坡道、防滑措施等。

✧ 一般戶部分負擔比率：30%。

## 4.喘息服務：<u>每年補助金額 32,340~48,510 元</u>

✧ 一般戶部分負擔：16%。

✧ 提供短期照顧服務，讓家庭照顧者獲得休息；服
務項目分為三種：

➢ 社區喘息服務：安排失能親屬到日間照顧中心、小規模多機能服務中心及巷弄長照站接受照顧，包含護理照護（日間照顧中心）、協助沐浴、進食服藥、活動安排及交通接送服務等。

➢ 居家喘息服務：照顧服務員到家中，提供身體照顧服務，包含協助如廁、沐浴、更換衣服、口腔清潔、進食、服藥、翻身、拍背、陪同運動、上下床、肢體關節活動、協助使用輔具等。

➢ 機構喘息服務：安排失能親屬至長照住宿式機構接受短期全天照顧，由機構人員提供24小時的照顧服務。

## 三、長照社會保險：長期照顧保險法草案規劃要點

參照衛生福利部與長期照顧保險法令，就長期照顧保險法概列如下：

1. 長期照顧保險屬於社會保險制度：採全民強制納保之社會保險制度。
2. 保險人：中央健康保險署(健保署)
3. 與全民健保一併辦理承保作業：全民健保與長期照顧保險一起辦理承保作業，因此繳費作業與加保等作業皆由健保署一併辦理。

4.   被保險人、政府及雇主共同分擔保費：由被保險人、政府及雇主三方共同負擔保險費。另外除了一般保險費外，也預計比照全民健保納入補充保險費制度。

5.   強化財務負擔：

　　採部分提存準備金制，另包含收支連動、定期檢討調整費率、提列安全準備等措施，並納入房地合一稅收與菸捐等財源。

6.   服務對象：

　　失能之保險對象指身體或心智功能部分或全部喪失，持續已達六個月或預期達六個月以上，經評估其日常生活有由他人照顧之需要。所有失能之保險對象，依核定之照顧計畫與長照需要等級提供給付。

7.   給付評估制度：

　　發展多元評估量表作為給付評估工具，經評估後有需要始能獲得相關服務或補助。因此被保險人必須提出申請，並經健保署派人到失能者住處進行評估，經評估後有長期照顧需求，被保險人才能申請長照服務。

8.   服務項目：

　　　　以實物給付(實際的照護服務)為主，現金給付(照顧者津貼)為輔。長期照護保險制度主要透過中央健保署支付特約長期照護機構照護費用，並由長

期照護機構提供被保險人相關照護服務的模式，給予失能失智者相關照護服務，列舉項目如下：

(1)身體照顧服務

(2)家務服務

(3)安全看視服務

(4)護理服務

(5)生活自立或復健訓練服務

(6)輔具服務

(7)居家無障礙空間規劃或修繕服務

(8)交通接送服務等

　　另外，對於家庭照顧者，也就是在家照顧家中失能失智者的照顧人員，長期照護保險也提供以下的支持服務：

(1)喘息服務：類似特休假概念。

(2)照顧訓練服務

(3)照顧諮詢服務

(4)關懷訪視服務

(5)照顧者津貼

9.　部分負擔制度：被保險人需要自行負擔長期照護服務費用之 15%。

10. 除外不保事項：

   (1)膳食費。

   (2)住宿費。

   (3)證明文件費。

   (4)因同一目的已由全民健康保險取得之給付或依其他法令已由各級政府負擔之費用或服務。

   (5)其他經主管機關公告者。

# 第四節　年金保險與健康保險個案

## 一、長期照護就在您身邊！

案例：

最近劉媽媽爬樓梯不小心摔倒，還好鄰居好心幫忙叫救護車送醫；因骨頭龜裂在醫院躺了 15 天後，目前定期回診中。由於行動不便，在子女利用工作餘暇聯繫長照機構提供長照 2.0 的送餐與居家服務後，生活還過得去。

　　年紀大了，走路爬樓梯不再像年輕時輕盈，像劉媽媽的跌倒受傷或退化性關節炎等狀況，在您我身邊案例很多。尤其，長期照護機構與長照 2.0 服務愈來愈多元了，而且不只超過 65 歲的年長者需要長期照護服務，50 歲以下的身心障礙或部分失能不便者，也仰賴著長期照護服務。

　　衛生福利部預估 110 年度台灣需要長照服務的人口數，預估約為 90 萬人。政府先後推出了長照 1.0 與長照 2.0，提供需要長照服務的居家服務照護、居家護理護健、交通接送、喘息服務或入住長照機構等服務；但採取部分補助模式。例如：居家護理服務，最高免

費補助 5 次,超過次數要由家屬自行負擔相關費用;交通接送服務需自行負擔30%。

因此,不少民眾就常在年輕時,透過投保商業長期照護保險方式,預先為自己與家人規劃長期照護財源。究竟長期照護保險保費要多少?什麼時候會理賠?如果我一直都很健康,會不會理賠?我們以劉小胖,現年40歲為例,為各位介紹一下商業長期照護保險(終身保障型)。

| | 領取頻率 | 領多少 |
|---|---|---|
| 什麼情況理賠? | 1.失去生活自理能力:進食、移位、如廁、沐浴、平地行動及更衣等六項能力持續存有三項(含)以上障礙。<br>2.失智症。<br>*中度以上失能狀態 | |
| 怎麼領? | 每月領,領 15 年 | 2 萬 |
| 保費多少? | 繳費 20 年 | 每年保費繳納約 2.3 萬元 |

## 二、怎麼挑長期照護保險商品？

案例：最近有二個朋友向志銘推薦長期照護商品，第一個推薦重大傷殘疾病壽險，另一個推薦終身長期照護醫療保險，究竟應該投保哪一種比較適合？

　　市面上具有長期照護功能的保險商品可概分為二大類。第一類專門針對失去生活自理能力(失能)或失智的民眾規劃；保戶經醫師診斷判定符合失去生活自理能力(失能)或失智狀態時，壽險公司將依約定金額給付長期照顧保險金。

　　另外常有保戶詢問到，如果投保後一輩子都很健康，那不就白費了？因此大部分壽險公司推出的長期照護保險都提供沒有失智失能保戶，身故退還所繳保費加計利息的保障。第二類屬於具備類似長期照護功能的保險商品，諸如：重度失能與特定傷病壽險，針對保戶發生重度失能、罹患特定傷病或重大失能時，提供一次或多次的保險給付。

假設志銘現齡 30 歲，考慮投保 20 年期長期照護終身<u>醫療保險</u>或特定傷病終身<u>壽險</u>，這二類的商品特色可以列舉比較如下：

| 商品別 | 長期照護<u>醫療保險</u> | 特定傷病終身壽險<br>(類似長期照護商品) |
|---|---|---|
| 商品型態 | 長期照護給付<br>+少許身故保障 | 終身壽險保障<br>+類似長期照護給付 |
| 投保保額 | 2 萬保額 | 100 萬壽險保額<br>+特定傷病附約 |
| 定期給付<br>(長期照護<br>或傷病給<br>付) | 符合失去生活自理能力或失智狀態且持續達 90 天，<u>每月</u>給付 2 萬元(最長給付 15 年) | 罹患腦中風、癱瘓與失智症等 8 項重大傷病，每年給付 12 萬元(平均每月 1 萬元) |
| 身故給付 | 未發生長期照護病況時，給付受益人 48 萬<br>(80 歲身故) | 被保險人身故，給付受益人 100 萬元 |
| 其他權益 | 無解約金累積功能、無保單貸款 | 壽險主約解約金持續累積、可辦理減額繳清等變更、重大失能另給付失能扶助金 |
| 年繳保費 | 23,000 | 45,000 |
| 差異比較 | 保費較低、照護保障高、少保障、無解約金 | 保費較高、照護保障較低、保障高、解約金累積 |

　　志銘到底應該選擇長期照護終身醫療保險，還是特定傷病終身壽險？建議他回去審閱一下所有保單，了解自己的終身壽險保障金額足不足夠？

　　如果壽險保障足夠，例如：累積保障已超過 500 萬保障、而且目前還沒有長期照護保險，建議購買長期照護終身醫療保險較符合需求。

　　另外，若有預算問題，志銘也可以考慮調降終身壽險主約保額為 50 萬，主附約年繳保費調降後約 2.3 萬。最後，如果志銘的壽險保障不夠或低於 500 萬而且預算足夠，那建議可以考慮投保特定傷病終身壽險商品。

三、面對疫情,除了口罩,還需要它!

案例:
最近疫情升溫,親朋好友爭相購買「防疫保單」,讓擔任保險業務主管的小蔡,那幾天忙到沒日沒夜!到底防疫保單該買嗎?該怎麼挑?

新冠肺炎疫情在部分地區又轉趨嚴峻,短期仍然需要與疫情和平共處!尤其外出洽公、外出聚餐或拜訪親友在所難免,除了戴上口罩、保護自己以外,也要減少前往人潮擁擠的地方。另外在媒體爭相報導之下,最近防疫保單大受民眾歡迎!

什麼情況下,建議投保防疫保單呢?如果經常出差、洽公或前往人潮擁擠場所或是身邊有親友經常出入醫療院所的這些中風險族群,建議可以考慮花費點時間,了解一下防疫保單內容。

其實市面上有許多防疫保單可以挑選,但可別隨便買?多買、可能只是浪費錢喔!建議投保切合自身需求的防疫保單才是明智之舉!摘列以下四類防疫保單供民眾參酌。

| 挑選重點/類別 | 限制理賠型 | 日額理賠型 |
|---|---|---|
| 挑選重點一：<br><br>一般疾病住院會不會理賠保險金？ | ● 罹患一般疾病：完全不理賠。<br>● 只有罹患新冠肺炎或新型流感等法定傳染病才能獲得理賠。 | ● 罹患一般疾病：可以獲得理賠。<br>● 罹患新冠肺炎或新型流感等法定傳染病，可再額外獲得理賠。 |
| 一般住院每日理賠金<br>(投保醫療日額：1,500 元) | 0 元 | 1,500 元 |
| 診斷罹患法定傳染病住院每日理賠金<br>(投保醫療日額：1,500 元) | 1,500 元 | 3,000 元 |
| 適合族群建議 | 醫療日額≧2 千 | 醫療日額<2 千 |

| 商品類別 | 隔離通賠型 | 確診理賠型 |
| --- | --- | --- |
| 挑選重點二： | | |
| 1.被要求居家隔離且**未確診**法定傳染病，是否理賠？ | ● 會理賠。<br>● 範例：理賠 2.5 萬 | ● 不會理賠。<br>● 範例：理賠 0 元 |
| 2.被要求居家隔離且**確診**法定傳染病 | ● 會理賠。<br>● 範例：理賠 2.5 萬 | ● 會理賠。<br>● 範例：理賠 2.5 萬 |
| 適合族群建議 | 中風險族群或自覺危險群 | 一般民眾 |

　　挑選防疫保單時，建議先算一下現在累積醫療日額多少金額？如果日額低於 2 千元，建議投保「日額理賠型」。如果日額高於 2 千元，建議投保「限制理賠型」。另外，許多防疫保單採確診新冠肺炎等法定傳染病才理賠，如果只是被要求居家隔離是不會理賠的。所以如果屬於中風險民眾或自己感覺危險較高的民眾，可考慮投保隔離或確診都理賠的防疫保單。

## 四、面對疫情,除了疫苗,還需要它!

案例:最近疫情升溫,小莉考慮要排隊施打新冠肺炎疫苗,但看了媒體報導後擔心會頭暈、發燒或血栓住院。到底疫苗保單該買嗎?該怎麼挑?

　　新冠肺炎疫情在部分地區轉趨嚴峻,施打疫苗成為對抗肺炎蔓延的必要政策!適逢近期國內疫苗來源相對充裕,最近小莉被詢問到要不要施打疫苗,讓她猶豫不決,因為媒體報導施打疫苗存在許多可能的頭暈、發燒及血栓相關風險。

　　建議仍然可考慮施打肺炎疫苗,畢竟施打疫苗才能降低群聚風險及抑制疫情蔓延。另外,建議可考慮投保疫苗保險,降低施打疫苗後的相關費用損失及不能工作的收入損失;也可以降低心理上的擔憂。然而,疫苗保險怎麼選?有哪幾種?簡單舉例歸納說明如後:

| 挑選重點/商品類別 | 疫苗統包型 | 新冠肺炎限用型 |
|---|---|---|
| 只有新冠肺炎(Covid 19)疫苗才會賠？ | ● 不是，施打其他約定的疫苗也會理賠。<br>● 其他疫苗範例：卡介苗疫苗、肝炎疫苗、日本腦炎疫苗、流感疫苗等 | ● 是<br>● 僅施打 Covid 19 疫苗造成事故才賠；施打其他疫苗不會理賠。 |
| 期限內施打疫苗後不舒服住院診療，可以獲得多少理賠？ | ● 1 萬元<br>● 另有住院天數超過 5 天的增額保險金 | ● 住院每天理賠 3 千元<br>● 另有住院天數超過 3 天或 5 天增額保險金。<br>● 另有加護病房保險金 |
| 期限內施打疫苗後，但仍然確診？ | ● 理賠最高 5 萬~10 萬<br>● 採定額或實支實付 | ● 無 |
| 期限內施打疫苗後身故 | ● 無 | ● 理賠 30 萬 |
| 年繳保費範例 | ● 365~399 元<br>● 疫苗保障範圍廣 | ● 182~226 元<br>● 保費較便宜 |

　　挑選疫苗保單時，建議先考慮一下是否還會施打其他疫苗？如果會，建議選擇疫苗統包型。如果只會施打新冠肺炎 Covid 19 疫苗，可考慮投保新冠肺炎限用型保單。另外，未成年人是否可以投保疫苗保險呢？部分商品要求 20 歲才能投保，部分商品則年滿 3 歲或年滿 12~16 歲即可投保，如果未成年子女要投保，需要特別留意。

## 五、保單也要定期健檢！

案例：
今年五十歲的小蔡手上保單一堆，但是不太了解買了什麼？有沒有重複買？有沒有浪費錢？最近閒錢變少了，趁機會來個保單健檢！

小蔡從事家飾用品店員多年，買了一堆保單，這天終於拿來保單檢查一番。仔細一問，小蔡說道：「買什麼也不太瞭解，但好像名稱有些是重複的」。因此讓我們幫忙他檢查與調整一下；也希望朋友們不要跟小蔡一樣，花錢買了一堆都不瞭解的商品。

首先小蔡投保了以下壽險商品：

1. 終身平準型壽險 10 萬元保額附加終身癌症險附約 3 單位。

2. 投資型壽險每年繳費 5 萬元，包含壽險保障 150 萬元、住院醫療附約日額 1 千元、一年期癌症險附約 2 單位、傷害險附約保額 150 萬、傷害醫療日額附約日額 1,500 元；選擇投入 A 投信、B 投信及 C 投信的基金標的共 4 檔。

3. 變額年金險每季繳費 1.5 萬元，選擇投入 A 投信的 1 檔台灣股票型基金。

　　保單健檢的第一個健檢項目：檢查投保內容是否重複？仔細審視後，精明的朋友們應該發現到，小蔡同樣都買了癌症險，確實是重複了。因此建議他可以刪除一年期癌症險附約，這樣一年可以節省 4 千元~6 千元的保費。

　　保單健檢的第二個健檢項目：檢查投保內容是否過高或過低？仔細審視後，精明的朋友們應該發現到，小蔡如果因為疾病住院，一天可領取住院醫療津貼 1 千元，這樣確實不夠！相形之下，因為意外受傷門診或因意外住院所獲得的保障每日達 2,500 元，相對就比較足夠。因此建議他提高住院醫療日額為 1,500 元，這樣保障額度才夠。

　　保單健檢的第三個健檢項目：檢查是否承擔過高的儲蓄投資風險？仔細審視後，我們發現小蔡的投資型保單投資標的需要調整，尤其近期國際股市大幅下跌，導致他的帳面損失已高達 50%。因此建議他變額年金險不能只投資台灣股票型基金一檔，應該分散為 5 檔基金，包含台灣基金、全球基金、亞太基金及國外債券型基金等多樣化基金標的。

　　保單健檢的第四個健檢項目：檢查保費負擔是否過重？是否有契約效力風險？審視後發現，小蔡買的投

資型壽險所收取的附約保費以及 150 萬的壽險保障，
需要持續繳費扣款；而且隨著年齡增高，所扣收的保
費持續增加。例如：壽險保障保費現在年齡每年約 5.1
千元，60~70 歲時每年將提高為 1.8~3.5 萬元。因此未
來小蔡應該考慮在 60 歲後調降壽險保額，否則他的帳
戶價值將迅速下降而導致保單失去效力。

| 項目 | 健檢前 | 健檢後 |
|---|---|---|
| 一年期癌症險附約 | ● 保障重複：同時投保終身癌症險與一年期癌症險。 | ● 刪除一年期癌症險<br>● 每年保費約節省 4 千~6 千元。 |
| 一年期住院醫療 | ● 日額 1 千元 | ● 日額提高為 1,500 元 |
| 變額年金保險投資標的 | ● 只投資台灣股票型基金一檔，近期大幅虧損。 | ● 分散為 5 檔基金，包含台灣、全球基金、亞太基金及債券型基金等多樣化基金標的。 |
| 投資型壽險 | ● 身故保障 150 萬 | ● 預計 60 歲後需要調降壽險保障額度，以避免扣收的壽險保費大幅調升，導致契約失效。 |

最後，保單健檢的第五個健檢項目：檢查是否變更地址、電話或受益人等資料？隨著人生階段的更迭，或許搬家了、或許門牌整編、或許電話變更了，受益人是否修改為配偶或小孩。

📖 小叮嚀：
健檢項目1：檢查投保內容是否重複？
健檢項目2：檢查投保內容是否過高或過低？
健檢項目3：檢查是否承擔過高的儲蓄投資風險？
健檢項目4：檢查保費負擔是否過重？是否有契約效力風險？
健檢項目5：檢查是否變更地址、電話或受益人等資料？

---

[viii] 廖勇誠(101)，第 1-2 章
[ix] Internet information from Prudential Life; North American Company for Life and Health Insurance; HKMC Annuity Limited; YF Life Insurance Limited; NAIC, Buyer's Guide：Fixed Deferred Annuities; Standard Insurance company
[x] 參壽險公會，人身保險業務員資格測驗統一教材第三章與壽險公司長期照護保單條款。
[xi] 參考與修訂自健保署年報資訊或網站宣導資訊；廖勇誠(105)。

六、儲蓄型保險與存款相輔相成

案例：辛苦了一年，小莉領到年終獎金了！到銀行刷存摺時，Ａ理專推薦小莉投保利率變動型年金保險，年收益率比較高，但儲蓄期間需要超過三年。同時，蔡先生到Ｂ銀行存錢時，Ｂ理專介紹利率變動型壽險，也說收益率比較高，究竟哪一個比較划算？真不知道到底該怎麼選擇？

　　壽險公司推出許多類似存款功能的儲蓄型保險商品，可以提供民眾儲蓄兼顧保障的理財需求。概念上，利率變動型年金商品類似一年定期存款或定期儲蓄存款加上終身生存年金保險保障，但民眾必須留意宣告利率隨市場狀況機動調整，而且通常在前幾年解約還需要負擔解約費用。

　　相形之下，銀行定存通常只存放一個月至一年或二年，無須負擔任何費用，隨時可以提領，更適合作為短期儲蓄工具。但利率變動型年金保險的持有期間更久，更可以作為退休後的活得愈久領得愈多的退休規劃或儲蓄替代商品。

　　另外，利率變動型壽險宣告利率隨市場狀況機動調整，與利率變動型年金保險類似，概念上類似一年定期存款或定期儲蓄存款加上人壽保險保障。利率變動型壽

險同樣有解約費用，需要留意。

| 項　目 | 內容摘要 | 注意事項 |
|---|---|---|
| 1. 利率變動型年金保險(遞延) | ● 宣告利率：1.7%(台幣)、2.4%(美元)<br>● 保費費用：1%<br>● 解約費用：前6年如下：<br>● 1.5%/1%/1%/1%/1%/1%<br>● 年平均收益率約1.6%或2.3%。<br>● 退休後可以每年領取年金給付 | ● 宣告利率非保證。<br>● 前幾年解約需負擔解約費用。<br>● 沒有壽險保障 |
| 2. 利率變動型人壽保險 | ● 宣告利率：2%(台幣)、2.8%(美元)<br>● 每年計算增值回饋分享金<br>● 年平均收益率約1.7%或2.5%。<br>● 壽險保障100萬<br>● 保險期間終身。 | ● 宣告利率非保證。<br>● 前幾年解約金低於所繳保費。 |
| 3. 銀行定期存款一年期 | ● 0.78% | ● 適合一年期的短期儲蓄 |

假如小莉的獎金想要規劃作為退休儲蓄的用途,建議她可以考慮投保台幣或外幣利率變動型年金保險。另外,如果小莉的目前保障不足,而且又有小孩教育基金儲蓄規劃,建議可以考慮利率變動型人壽保險。最後,如果小莉明年或下半年就要動用這筆錢,建議她還是存在定存或定儲,若倉促投保保險,卻短期解約反而不划算喔!

📖 **小叮嚀:**

1. 若以退休規劃為理財目標且追求穩健儲蓄,可考慮投保利率變動型年金保險。

2. 若保障不足且追求穩健儲蓄:可考慮投保利率變動型人壽保險。

3. 許多壽險公司推出外幣利率變動型年金保險與外幣利率變動型壽險,也是民眾可以考慮的儲蓄或退休規劃工具,但需要考慮匯率風險與外幣需求。

4. 如果明年或下半年就要動用這筆錢,建議將資金存在銀行定存。

七、行車平安停看聽！

> **案例：**小莉是個騎乘機車上下班的會計主管，但最近上班時因閃避公車而遭陳姓加害人機車從後方衝撞而摔出並短暫昏迷及受傷送醫。

　　每天新聞總是報導著高速公路車禍事故、酒駕車禍、遊覽車車禍及機車通勤車禍事故，實在令人擔憂！尤其機車通勤族人數實在多的驚人，又缺乏車身保護，務必要多留意行車平安。關於行車安全，提醒讀者們以下幾項：

1. 不要突然變換車道，變換車道務必要開啟方向燈並留意後方車輛或行人。
2. 不要搶黃燈或闖紅燈或紅燈右左轉。經過十字路口，務必留意其他車輛或行人並減速。
3. 建議安全帽盡量配戴全罩式，因為車禍摔出而且頭部著地，就要全靠安全帽的保護。
4. 汽機車或自行車的煞車性能、輪胎磨損情況與行車性能也要留意與定期維修保養。

　　另外，小莉摔車後送醫治療，所幸她騎乘速度不快而且有配戴全罩式安全帽，當天就出院了，但後續治療了半年才恢復，更需要抽空與加害人洽談和解賠償。就小莉為例，經過約三次的和解談判，小莉與陳姓加害人

的和解金額約為 5.2 萬元，摘要列表如下：

| 項目別 | 金額 | 費用負擔者 |
|---|---|---|
| 車禍當天自費醫療費用負擔與搭乘計程車返家、餐飲費等費用。 | ● 2,000 元 | ● 加害人負擔：2,000元。 |
| 機車維修費用 | ● 因為撞擊而損壞由加害人負擔：3,000 元。(如後車燈、安全帽、車體維修)<br>● 煞車、機油、前車燈、輪胎更換等強化保養：小莉自行負擔。 | ● 因為撞擊而損壞由加害人負擔：3,000 元。<br>● 煞車及輪胎更換等強化保養：小莉自行負擔。 |
| 後續門診就醫費用(合格醫療院所、針灸與服藥) | ● 和解時車禍滿半年累積已支出：6,000 元<br>● 未來一年半預估：14,000 元 | ● 加害人負擔：20,000元。 |

| 項目別 | 金額 | 費用負擔者 |
|---|---|---|
| 推拿調理、中醫藥帖藥丸 | ● 半年內累積已支出：15,000元<br>● 後續費用預估：15,000元 | ● 協調後各負擔一半。<br>● 加害人負擔15,000元。 |
| 其他交通費用、看護費用及慰問金 | ● 小莉要求50,000元 | ● 協調後加害人負擔12,000元。 |
| 和解金額合計 | | 52,000元 |

　　另外，小莉所屬公司有投保員工團體保險，而且小莉自己也有投保意外險及意外醫療險，因此近期也申請了意外醫療實支實付的保險理賠。還有，由於小莉是在上班途中發生車禍；雖然是輕傷，但符合職業傷病，小莉服務的公司另外提供她免扣薪的公傷假數天。

　　最後，提醒大家多留意行車安全，也記得加保意外險、意外醫療險、強制及任意汽機車第三人責任保險喔！

---

> 🖉 小叮嚀：強制汽車責任險保障範圍不包含財產損失，只包含醫療給付(最高20萬)、失能給付(最高200萬)與身故給付(200萬)，而且各項理賠金額訂有限額。

## (FC-100V)財務計算機：年金終值計算教學

✎ n 期數、I%利率、PMT 每期金額、PV 現值、FV 終值(5 個變數，輸入 4 個後，可求算第 5 個變數)

◉ 選擇 CMPD 複利模式
◉ n 期數=180　按下 EXE
◉ I%利率 = 2/12　按下 EXE
◉ PV=現值(期初金額) (0)　按下 EXE
◉ PMT=每期金額(10,000)　按下 EXE
◉ FV=終值(本利和)　Solve (求解) =2,097,130.56
◉ P/Y 每年付款次數=1；C/Y 每年複利計息次數=1
✎ Set：End　EXE
✎ 1.Begin 期初 EXE；2.End 期末 EXE

## ( BAII PLUS 為例)財務計算機：年金終值計算教學

◉ N 期數、I/Y 利率、PV 現值、PMT 每期金額、FV 終值(5 個變數，輸入 4 個後，可求算第 5 個變數)
✎ 計算年金終值為例：
✎ N 期數=180
✎ I/Y 利率(%) = 2/12
✎ PV=現值(期初金額=0)
✎ PMT=每期金額(10,000)
✎ CPT FV 終值(本利和) =2,097,130.56

◉ BGN(期初) 與 END(期末)變換：(2nd BGN; 2nd SET)
◉ 善用 RCL(Recall)確認參數(N, I/Y, PV, PMT, FV)

# 第五節 模擬考題

一、選擇題：

1.受害人何種情況可向特別補償基金求償？

A.事故汽車為未保險汽車

B.事故汽車無法查究

C.已投保強制責任險事故汽車

D.已投保車體損失險事故汽車

解答：【A】【B】

2. 請問依據刑事訴訟法規範，車禍刑事求償時效為多久？

A.半年　B.1年　　C. 2年　　D.10年

解答：【A】

3.下列何種年金險，適用於已擁有大筆退休金，計畫直接轉換為分期給付之退休族群？

A. 定期保險

B. 分期繳費遞延年金保險

C. 遞延年金保險

D. 即期年金保險


解答：【D】


4.變額年金保險之要保人若未約定年金給付開始日時，該
　保單之年金給付開始日依法不得晚於被保險人年齡達
　幾歲之保單週年日？

A. 60歲

B. 65歲

C. 70歲

D. 75歲


解答：【C】


5.下列有關社會保險的敘述，何種正確？

A.保費完全由政府提供　B.通常採用強制投保方式

C.主要針對財產損失風險　D.保費通常含有佣金。


解答：【B】

6.下列何者為傷害保險的構成要素：

(1)需由外來原因所觸發；

(2)需為第三人行為所致；

(3)需為突發的傷害；

(4)需非故意誘發：

A.1234

B.234

C.134

D.124。

解答：【C】

7.人身保險商品的哪一項給付，可以免納所得稅？

A.身故保險金

B.醫療保險金

C.失能保險金

D.以上皆是

解答：【D】

8.依據遺贈稅法，配偶及祖父母的扣除額各為多少？

A. 493萬；493萬

B. 493萬； 50萬

C. 50萬； 493萬

D. 1200 萬；220 萬

解答：【B】

9.老年生活三層次保障中第一層為社會年金保險，有關我
國國民年金保險之敘述，下列何者正確？

A. 保險對象為年滿20歲～65歲，未參加軍、公教、勞保，
且未曾領取相關社會保險老年給付者

B. 年金給付包括老年年金、失能年金及遺屬年金三種

C. 國民年金保險給付與勞保年金給付，不可同時請領

D. 年金給付自得請領之日起5年不行使而消滅

解答：【D】

10.有關年金保險敘述,下列何者錯誤?

A. 被保險人在年金累積期間身故,壽險公司需返還保單價值準備金

B. 年金保險在年金累積期間內不可以辦理部分解約

C. 年金保險若含有「保證金額」,於被保險人身故時仍有未支領之年金餘額時,應將餘額給付給身故受益人

D. 年金保險在給付期間可辦理保單貸款。

解答:【B】【D】


二、問答題:

1.   何謂應繼分?民法有何規定

2.   何謂特留分?民法有何規定

3.   何謂夫妻剩餘財產分配請求權?

4.   何謂實質課稅原則?

5.   世界上實施公營退休金制度的財源模式?

6.   請比較 DC 與 DB 的退休金制度?

7. 請計算小莉 62 歲時可領取的勞保年金金額？小莉 47 年次，年資 35 年，平均投保薪資 4 萬元。

8. 請說明勞保年金的財務收支現況及未來年金改革的方向？

9. 何謂利率變動型年金保險？

10. 何謂變額年金保險？

11. 何謂企業年金制度的賦益權？

12. 請問個人保單健檢時有哪些需要注意的？

13. 請問強制汽車責任險與任意汽車責任險的保障範圍有何差異？

14. 老劉繼承 1 千萬存款，想要透過壽險商品在生前進行遺贈及節稅規劃，並希望透過規劃將財富傳承移轉給下一代，請問他應該如何規劃？請就要保人、被保險人及受益人、商品類型與繳費年期等角度提出規劃建議。

📖 **心靈分享：**

● 人生總是汲汲營營，為學業、事業、家庭、權位、
金錢、理財、疾病意外事故、親友、社交人際關係
等林林總總，而陷入忙碌煩惱憂愁、循環輪迴，難
以自拔；活在當下，活得自在吧！

● 忙碌的現代人，心靈煩惱與焦躁不安反而更為嚴重；
透過修行、轉念、體悟、放下我執、走出戶外、心
懷感恩、關懷與行善，昇華為健康的身心靈並迎接
歡樂的每一天吧！

● 921 大地震時，我前往賑災，發現在南投的救災指
揮中心旁有許多居民歡喜地向我領取盥洗用品與
蔬食便當，我突然體悟到為善最樂！即使是簡單的
生活用品，在那當下卻是非常珍貴！

📖 **健康小分享：記得每天運動健身，讓心靈沉靜下來**

1. 自然腹式呼吸(呼吸時，腹部會漲縮)。
2. 舌頂上顎、全身放鬆。
3. 站著時兩手自然下垂、兩腳張開與肩同寬、兩手掌張開不握拳。
4. 坐著時，需要坐正、不駝背、兩腳與肩同寬，兩手同樣自然下垂、兩手掌張開不握拳。
5. **慢慢吸氣，吸氣時吸飽肚子，兩手順勢後擺，掌心朝前。(重心可稍微前移)**
6. **慢慢吐氣，吐氣時肚子縮緊，兩手順勢前擺，掌心朝後。(重心可稍微後移)**
7. **反覆 10~50 次。**

# 參考文獻

1. 方明川，<u>個人年金保險新論與商業年金保險概論</u>，作者自行出版，84 與 100 年

2. 王志誠、封昌宏，<u>信託稅法與實例解析</u>，金融研訓院，107 年，第 3~6 章

3. 中國人壽、富邦人壽、新光人壽、國泰世華銀行、兆豐銀行、合庫銀行、第一銀行、花旗銀行、匯豐銀行、台北富邦銀行、中國信託銀行、玉山銀行等公司商品簡介、條款及網站資訊，搜尋日期：102 年~110 年 7 月

4. 內政部網站，<u>人口老化統計資料</u>，搜尋日期：110/6/1~7/30

5. 內政部警政署網站，<u>165 全民防騙網網站資料</u>，搜尋日期：110/6/1~7/30

6. 風險管理學會，<u>人身風險管理與理財</u>，智勝文化，90 年

7. 台中市政府警察局網站，<u>詐騙宣導資料</u>，搜尋日期：110/6/1~7/30

8. 台灣證券交易所網站，搜尋日期：110/6/1~7/30

9. 台灣期貨交易所網站，搜尋日期：110/6/1~7/30

10. 信託公會網站資訊，搜尋日期：110/6/1~7/30

11. 投信投顧公會網站，搜尋日期：110/6/1~7/30

12. 金管會網站資訊，搜尋日期：110/6/1~7/30

13. 勞動部與勞保局網站資訊，搜尋日期：110/6/1~7/30

14. 銀行公會網站及國稅局網站資訊，搜尋日期：110/6/1~7/30

15. 國發會網站，<u>人口老化預測統計</u>，搜尋日期：110/6/1~7/30

16. 壽險公會，<u>壽險業務員資格測驗教材</u>，107 年

17. 健保署網站資訊及健保署年報資訊，搜尋日期：110/2/1~7/30

18. 謝劍平，<u>投資學基本原理與實務</u>，智勝文化，101年

19. 陳棋炎、黃宗樂、郭振恭，<u>民法繼承新論</u>，第 2 & 3 章，三民書局，93 年

20. 賀冠群、廖勇誠，<u>人身保險經營與實務</u>，鑫富樂文教，106 年 1 月

21. 賀冠群、廖勇誠，<u>人身保險商品與法規精要</u>，109年 4 月

22. 廖勇誠，<u>健康保險、勞保與職災實務</u>，鑫富樂文教，105 年 1 月

23. 廖勇誠，<u>保險與理財生活專欄</u>，創價新聞/和樂新聞，101 年~110 年

24. 廖勇誠，<u>個人年金保險商品實務與研究</u>，101 年 9月

25. 廖勇誠，<u>變額年金保險與共同基金之比較分析</u>，逢甲大學保險學研究所，86 年

26. Hallman & Jerry, <u>Personal Financial Planning</u>, 1993

27. Prudential Life; North American Company for Life and Health Insurance; HKMC Annuity Limited & YF Life Insurance Limited, Internet information, searched date：2020/8/10~9/25

28. NAIC, Buyer's Guide：Fixed Deferred Annuities & Standard Insurance company, Internet information, searched date：2020/8/10~9/25

國家圖書館出版品預行編目(CIP)資料

老年經濟安全與理財規劃/ 賀冠群、廖勇誠作- 初版.-
臺中市：鑫富樂文教, 2021.10
ISBN 978-986-98852-18(平裝)

1.退休　2.個人理財　3.生涯規劃

544.83　　　　　　　　　　　　　　　110013404

## 老年經濟安全與理財規劃

作者：賀冠群、廖勇誠

編輯：鑫富樂文教事業有限公司編輯部

美術設計：楊易達、小林鈺、武盎

發行人：林淑鈺

發行：鑫富樂文教事業有限公司　有著作權·侵害必究

地址：402台中市南區南陽街77號1樓

電話：(04)2260-9293　　傳真：(04)2260-7762

總經銷：紅螞蟻圖書有限公司

地址：114台北市內湖區舊宗路二段121巷19號

電話：(02)2795-3656　　傳真：(02)2795-4100

2021年10月1日　初版一刷

定　價：新台幣385元

ISBN 978-986-98852-18